I0832245

EXPOSÉ DÉTAILLÉ D'UNE MUSIQUE UNE, IMITATIVE, ET PARTICULIERE A CHAQUE SOLEMNITÉ.

de la part de l'autheur

EXPOSÉ D'UNE MUSIQUE UNE, IMITATIVE, ET PARTICULIERE A CHAQUE SOLEMNITÉ;

Où l'on donne les principes généraux sur lesquels on l'établit, & le Plan d'une Musique propre à la Fête de Noël.

ESSAI

Par M. LE SUEUR,

Maître de Chapelle de l'Église de Paris.

Denique sit quodvis simplex duntaxat & unum.

A PARIS,

Chez la Veuve HÉRISSANT, Imprimeur-Libraire, rue neuve Notre-Dame, à la Croix d'or.

1787.

PRÉFACE.

PLUSIEURS de mes Eleves, Maîtres de Chapelle dans la Province, ainsi que mes amis, m'ayant engagé à leur communiquer des principes détaillés sur la Musique *une*, *imitative* & *particuliere* à chaque solemnité, dont j'avois déja précédemment publié la premiere idée, j'ai cru devoir réunir les trois Parties de cet Essai (que j'ai écrites à l'occasion de Noël dernier, Pâque & la Pentecôte) avec celle que je viens de faire pour la fête de l'Assomption. D'après les changemens faits à la Musique de la Messe de Noël, je me suis cru obligé de refondre la Partie composée à l'occasion de cette solemnité, & qui n'étoit d'abord qu'un simple Programe ou *Prospectus* de ma Musique, exécutée à Notre-Dame. Comme je n'avois encore entrevu, à cette époque, que le crépuscule, pour ainsi dire, de ce principe, la Messe de Noël ne présentoit point, lors de sa premiere exécution, un ordre suivi, un ensemble dramatique tel que je me suis efforcé de le faire ſentir dans les Muſiques que j'ai compoſées pour les Fêtes ſuivantes; & cette nouvelle Edition rentrera abſolument dans l'idée générale que j'ai ſuivie depuis. Cet Ouvrage, maintenant, aura conſéquemment quatre Livres ou quatre Parties; & en même-temps qu'on le trouvera dans un ſeul Volume, chacune de ſes Parties ſera auſſi diſtribuée, ſéparément, aux Fêtes pour leſquelles elle a été compoſée.

La premiere Partie ſera un expoſé général de cette idée, & l'on y donnera, à la ſuite, le Plan dramatique d'une Muſique particuliere à la Meſſe de Noël, plus pour ceux de mes Eleves qui ſe deſtinent à compoſer la Muſique conſacrée à nos Temples, que pour les perſonnes dont l'eſprit a déja conçu les principes d'une choſe même, lorſqu'on ne les lui a fait appercevoir que de loin.

La ſeconde, qui ne contiendra guere que le Plan général d'une Muſique particuliere à la veille & au jour de Pâque, préſentera cependant une Introduction, où l'on verra *pourquoi* on peut adopter cette idée, & des Remarques sur le Motet du Samedi-Saint, qui pourront exposer à ces mêmes Eleves *comment* on peut s'en servir, & leur mettre sous les yeux des exemples détaillés sur ce nouveau principe.

La troisieme exposera quelles sont les propriétés de la Musique, & quelle est sa puissance pour effectuer cette idée. On y trouvera aussi le Plan d'une Musique particuliere à la Messe de la Pentecôte.

La quatrieme enfin exposera les derniers moyens de parvenir à composer une Musique *une* & *imitative*, & traitant de l'invention, de l'ordonnance, du dessein général & particulier, des proportions, des contrastes, des effets, des licences dans ce dessein musical, de la marche & de l'ensemble dramatique dans la Musique particuliere aux solemnités, de l'expression vocale & instrumentale, de la vraisemblance, de la beauté, de l'élégance dans cette expression. Elle sera terminée par le Plan d'une Musique particuliere à la Messe de l'Assomption.

Si cette ſorte de Muſique, qu'on aura entendue dans l'Egliſe de Paris, obtient quelque ſuccès, cet Ecrit pourra avoir les trois objets d'utilité que je me ſuis propoſé ; le premier d'être pour le Clergé, le Public & les Amateurs, un *Proſpectus* ou *Programe* pour cette Muſique, lors de ſon exécution ; le ſecond, d'aider, par les préceptes, les Eleves qui voudront travailler dans ce genre ; le troiſieme, de leur donner l'exemple de ces préceptes par les Plans que j'aurai ſuivis, & qui feront ſous leurs yeux. Ce n'eſt-là peut-être que le germe de l'idée que je cherche à communiquer aux Eleves ; mais de meilleurs génies peuvent le faire éclore & le mener à ſa perfection. Ils perceront, ſans peine, tout ce qui peut en réſulter, & en feront facilement l'application convenable à d'autres Plans, qu'ils pourront compoſer non-ſeulement pour les ſolemnités de l'Annonciation, de l'Adoration des Mages, de la Préſentation du Rédempteur au Temple, de ſon Aſcenſion, de la Fête-Dieu, &c., mais même pour les Fêtes dont j'ai déja pris les ſujets. Un objet peut être envisagé sous mille formes différentes. Bourdaloue & Massillon ont composé chacun des Discours sur Noël, la Passion, la Résurrection, &c., & ne se sont point ressemblés : ils ont même fait, a ec succès, des Discours différens sur le même sujet. Si nous prenons nos exemples dans le profane, la Peinture, la Sculpture, le Théâtre ancien & moderne, nous offrent les mêmes sujets heureusement traités de différentes manieres.

Je m'attends bien, cependant, que la plupart des préceptes que j'exposerai dans cet Ecrit, choqueront ceux à qui ils seront incommodes. Dans ce cas, j'en tirerai toujours quelque sorte d'avantage, & je pourrai profiter de leur mécontentement, s'ils ne manquent pas de me faire mettre le doigt sur les endroits où je me serai trompé. Ils seront d'autant plus soigneux, j'espere, à faire appercevoir des vérités, qu'ils ont déja essayé de faire prendre pour elles les plus grandes faussetés. Cet Ecrit, ont-ils déja publié, ne peut pas être de moi; un Musicien ne sait & ne doit faire que de la

Musique. Le titre de Compositeur fait donc naître, dans certains esprits, une idée bien chétive ? *Musicien* & *ignorant* sont donc synonimes dans ces sortes de cerveaux ? Un Musicien, disent-ils, ne peut pas citer les Auteurs Latins. ——O Cicéron ! ô Quintilien ! il nous a donc été défendu de fréquenter les maisons publiques d'éducation, & d'y apprendre à converser avec vous ?

Qu'on lise en entier ce foible Ouvrage, l'on verra, je crois, qu'il faut au moins connoître l'Art de la Composition Musicale pour l'avoir écrit. C'est donc moi qui l'ai fait, ou un autre Compositeur. Or, ce Musicien-là feroit preuve d'une charité bien héroïque, qui, au prix de longues veilles dont j'ai eu lieu de connoître toutes les fatigues, voudroit acheter le plaisir de prêter, tacitement, sa plume à un autre Compositeur, & laisseroit publier ses propres principes sous le nom d'un homme, qui assure hardiment que cet Ecrit est de lui. Les idées peuvent être d'un Compositeur, diront-ils encore, mais il a besoin de quelqu'un qui les mette en ordre, & leur donne le style convenable ! O le bon homme, qui voudroit bien veiller ſans ceſſe à mes côtés, être mon inſtrument, réſiſter ſans ceſſe aux loix aſſommantes du ſommeil, & attendre froidement la conception de chaque idée de ſon voiſin éveillé, échauffé par la chaleur de la Compoſition ! Mais non, il ne veille point ; il eſt apparemment aux aguets, tous les matins, pour recevoir la proviſion d'idées que j'ai faite pendant la nuit : c'eſt un bloc que je lui jette, & ſon ciſeau lui donne la vie. O génies incomparables, qui avez conçu cette ſurprenante, cette ſublime maniere de travailler comme poſſible, apprenez-moi par quelle baguette magique vous faites ainſi ſortir vos idées du cerveau de votre voiſin ; vous m'épargnerez bien des travaux. Ce n'eſt pas que je prétende tirer tout abſolument de mon propre fond : je déclare même que, lorſque je trouverai, dans les Ecrivains célebres, quelques idées qui pourront ſervir à appuyer ou étendre mon ſyſtême, je ne me ferai point ſcrupule de m'en ſervir, quoique très-rarement cependant.

L'on ne m'a pas ſeulement taxé d'avoir *une plume à ma dévotion* pour cet Eſſai, mais encore pour ma Muſique.

Occupé cette premiere année à des Compoſitions plus ſérieuſes, celles des grandes ſolemnités, je n'ai point héſité, dans les petites fêtes de Notre-Dame, où il n'y a qu'un accompagnement de baſſes & baſſons, de donner avec ma Muſique quelques airs d'autres Compoſiteurs : j'en ai donné auſſi, de M. l'Abbé d'*Haudimont*, j'en ai donné d'Anfoſſi; j'en ai donné de mes Eleves, Maîtres de Chapelle en Province, & autres. Quelle eſt la merveilleuſe conſéquence qu'ont tiré ces perſonnes pour qui les moindres ſuccès ſont des crimes? La voici: « Il a donné, aux petites Fêtes, pluſieurs » morceaux qui n'étoient point de lui; donc » la Muſique à grand orcheſtre, qu'il donne » aux grandes ſolemnités, peut être em- » pruntée d'Italie ». ——Comme les *noëls*, les *plain-chants*, les *airs ſacrés de tradition*, ſur leſquels ſont compoſés pluſieurs de mes morceaux, ne ſont connus qu'en France, j'ai apparemment, à mes gages, un courier bien ponctuel, qui, une solemnité finie, va les porter aussi-tôt à un Compositeur Ultramontain, qui se dépêche de les revêtir d'une Musique conforme à mes principes; & mon envoyé ne perd pas un instant pour me les rapporter à la Fête suivante.

Je n'ai donc plus maintenant la capacité nécessaire pour composer la Musique d'Eglise. Cependant, une année s'est à peine écoulée depuis le temps où ces mêmes personnages, lors de la vacance de la Maîtrise de Notre-Dame, faisoient savoir très-soigneusement dans le Chapitre, que j'avois mis une Tragédie en Musique, & qu'elle étoit au moment d'être donnée. Les honnêtes gens! les belles ames! Il leur importoit peu, dans ce temps, de m'accorder des talens au-dessus de ceux d'un Maître de Chapelle, pourvu qu'ils parvinssent à me nuire dans l'esprit du Clergé respectable, qui étoit alors sur le point de m'admettre à la direction de sa Musique!

Au surplus, peu m'importe qu'on s'efforce de me ravir cet Ouvrage, pourvu qu'il soit utile aux Eleves, & qu'il puisse ſeulement donner l'idée du noble emploi qu'on peut faire de la Muſique dans nos Temples.

Rumpatur quiſquis, rumpitur invidiâ. MART.

EXPOSÉ D'UNE MUSIQUE UNE, IMITATIVE,

Et particuliere à chaque Solemnité.

CHAPITRE PREMIER.

Des qualités que peut avoir la Musique destinée à être exécutée dans nos Temples.

QUOIQUE le Maître de Chapelle ait toujours les mêmes paroles à mettre en Musique pour les Messes de chaque solemnité, ces Messes peuvent néanmoins & doivent même (j'ose l'assurer) différer entr'elles par le *ton*, par des *passages pris des Historiens sacrés*, qui seront analogues à la Fête, & qu'il fera entendre sourdement dans le fond du tableau musical, en même-temps que les paroles ordinaires de la Messe; mais sans interrompre ces dernieres, qu'il disposera toujours sur le premier Plan, de maniere à les mettre dans la plus grande évidence. Ces Messes doivent différer entre elles, en faisant quelquefois concourir avec la Musique les plain-chants (1) ou airs sacrés de tradition connus du Peuple, & adaptés depuis longtemps par l'Eglise, sur des paroles qui sont consacrées à telle ou telle Fête, & qui décrivent quelques circonstances de l'événement particulier qu'on se propose de célébrer dans telle ou telle solemnité. Ces masses doivent différer entr'elles par les chaînes de rapport qui doivent se trouver entre les différentes portions ou différentes parties qui composeront les Messes générales de la Musique de chacune de ces Messes, & entre les morceaux qui formeront ces parties, par les retours de ceux qui, entendus d'abord dans une situation, reparoîtront dans une autre, analogue à celle-ci, mais seulement dans le fond d'un nouveau morceau, pour en être comme le soutien & en modifier le sens. Enfin, l'espece de Drame sacré que le Maître de Chapelle pourra disposer pour une Fête, en se servant de ces moyens, ne sera point celui qu'il composera pour une autre.

(1) Dans cette acception on n'emploiera, autant qu'il sera possible, que ceux des airs sacrés des hymnes, répons, antiennes, &c. qui seront adoptés généralement dans tous les Dioceses.

Ces différentes pieces seront établies chacune d'après une histoire différente, & contiendront telle ou telle grande action dont on célebre le souvenir dans nos Temples à telle ou telle solemnité, & pour la mémoire de laquelle le Peuple se rassemble dans ces lieux sacrés.

Voyez dans le Chapitre de la suite de l'Essai composé à l'occasion de la Pentecôte, la différence qui doit être entre les tons généraux de chaque Musique destinée aux solemnités.

Vous trouverez, principalement dans les Plans des Messes de la Pentecôte & de l'Assomption, la maniere de disposer les différens passages pris des Historiens sacrés. Les quatre Plans vous présenteront les moyens de vous servir des plain-chants ou airs sacrés de tradition, pour rappeller certaines paroles. Ajoutons ici que les Connoisseurs non prévenus trouvent dans quelques-uns des plus anciens plain-chants, c'est-à-dire dans le chant des pseaumes, des traces de la Musique des Grecs, qui leur sont encore cheres, quoiqu'ils les trouvent, avec raison, bien défigurées. D'ailleurs, les différens tons de cette sorte de plain-chant répondent à cette ancienne Musique, si l'on en croit un célebre Philosophe. Pour plus grande intelligence, je vais donner une notice de ces tons des pseaumes.

Afin d'en approprier l'étendue, autant qu'il étoit possible, à celle d'une seule voix, les Organistes ont cherché ceux qui leur correspondoient le plus. Les voici tels qu'ils les ont établis:

Premier ton	*Re mineur.*
Second ton . . . . ,	*Sol mineur.*
Troisieme ton	*La min. ou sol.*
Quatrieme ton	*La min.*
	finissant sur la *domi. mi.*
Cinquieme ton	*Ut majeur.*
Sixieme ton	*Fa maj.*
Septieme ton	*Re maj.*
Huitieme ton	*Sol maj.*
	en faisant sentir le ton d'*ut.*

Les tons primitifs, d'où ceux-ci émanent, répondent, selon le Philosophe que nous venons de citer, aux tons Grecs de la maniere suivante:

Tons de nos Pseaumes.	*Tons ou modes des Grecs.*
Premier ton, répondant au	Dorien.
Second, &c.	Hyperdorien.
Troisieme, &c.	Phrygien.
Quatrieme, &c.	Hyperphrygien.
Cinquieme, &c.	Eolien.
Sixieme, &c.	Hyperéolien.
Septieme, &c.	Mixolidien.
Huitieme, &c.	Hypermixolidien.

Jusqu'ici, nous n'avons point encore montré quelle pourroit être l'utilité de ce rapport; tâchons de le découvrir. D'abord, on peut voir dans le Dictionnaire de Musique de Jean-Jacques, le caractere particulier que chaque ton des Grecs avoit, & dans quelle occasion ils l'employoient. « Le » mode *dorien*, dit ce Philosophe, avoit un caractere sérieux & grave, mais d'une gravité tem» pérée; ce qui le rendoit propre pour les sujets » de religion. Le mode *éolien* étoit grave, au » rapport de *Lasus*. Je chante, dit-il, Cérès & sa » fille Mélibée, épouse de Pluton, sur le mode » *éolien*, rempli de gravité, &c. &c. »

Mais, direz-vous, la propriété de ces tons n'est pas concevable; un morceau ne peut pas avoir tel ou tel caractere, parce qu'il sera composé ou en *ut*, ou en *re*, ou en *sol*, &c. Un air, quoique chanté dans différens tons, reste le même : un chant n'est différent d'un autre que par les inflexions, le mouvement, le rhythme, &c.; &, en se servant de ces derniers moyens, une infinité de morceaux, composés sur le même ton, ne se ressembleront point, & n'auront même entr'eux aucune analogie. —Tout cela est vrai. —Comment voulez-vous donc, répondrez-vous, faire comprendre ce que les modernes ont entendu par caracteres des tons *dorien*, *phrygien*, *éolien*, &c.? On entend bien que différens airs aient différens caracteres; mais que différens tons les aient intrinséquement, cela ne se comprend pas. —Ceci est encore vrai, & j'avoue aussi là-dessus mon *inintelligence*. Il faut cependant convenir que quelques-uns des tons de notre Musique semblent avoir une espece de caractere particulier. Le ton de *mi-bemol* (joint cependant à un mouvement *adagio*, se tenant toujours sur des cordes graves & accompagnées de sombres trombons, ainsi que de ceux des instrumens à vent, dont le son est pathétique) a un caractere plus religieux que les autres tons, quoiqu'on y joigne les mêmes instrumens. Le ton de *re majeur*, joint aux sons gais du haut-bois, aux sons éclatans des trompettes & aux timballes retentissantes, est plus brillant que les autres tons, quoiqu'on y emploie les mêmes instrumens; mais ceci vient encore plus des instrumens, dont certains tons leur sont plus favorables, que du ton en lui-même. Ainsi, cette observation ne peut guere servir à nous éclairer sur les caracteres divers des modes grecs. Voici ce que j'imagine être le plus probable, par *ton* ou *mode éolien*, *phrygien*, &c. on doit, je crois, entendre *Musique éolienne*, *Musique phrygienne*; comme, par *ordre dorique*, *ordre corinthien*, on entend *Architecture dorique*, *Architecture corynthienne*. Et dès-lors, on concevra facilement les différens caracteres de ces *tons* ou *modes*, comme on conçoit très-bien ceux qui mettent de la différence entre la Musique allemande, françoise, italienne, espagnole, &c. Chaque Peuple a un caractere qui lui est propre, & qui passe dans sa Musique comme dans sa langue. Il est donc plus que probable que les Grecs employoient les caracteres de Musique des différentes régions de la Grece, pour exprimer les sentimens qui avoient de l'analogie avec le caractere général de tel ou tel Peuple, comme nous emploierions celui de la Musique allemande pour exprimer les passions fortes, celui de la Musique italienne pour rendre les sentimens doux, joyeux, legers, & celui de la Musique espagnole pour peindre les sentimens nobles & religieux.

D'après ces observations, ne pourroit-on pas, outre l'union du plain-chant des hymnes & répons avec la Musique d'Eglise, pour rappeller les paroles sur lesquelles il est adapté depuis des siècles, pour fixer seulement la situation, & non pour peindre les divers sentimens qui sont alors exprimés par le chant musical & par l'orchestre; ne pourroit-on pas, dis-je, pour renforcer l'expression, faire entrer quelquefois, dans une partie du tableau général destiné à nos Temples, le chant de nos pseaumes, puisqu'il a été composé par les premiers Chrétiens, d'après le tétracorde des Grecs & le systême qui répondoit à leurs modes? Il est plus que vraisemblable qu'ils ont tâché de leur donner à chacun, du moins par les inflexions, les différens caracteres que nous avons tâché d'expliquer il y a un instant. On trouve ces chants revêtus même du titre des modes grecs dans les plus auciens (1) Antiphoniers & dans plusieurs Recueils de pseaumes; ce qui est une nouvelle probabilité qu'ils pourroient avoir les différens caracteres que Jean-Jacques donne à ces différens modes auxquels ils répondent. Si cela est, quels nouveaux effets ne pourroit-on pas produire en les mariant avec notre

---

(1) Il est d'autant plus vraisemblable que les anciens airs sacrés destinés à nos Temples, se sont conservés dans leur premiere nature; que ce sont les Prêtres, dans les siecles de barbarie où les lettres furent comme ensevelies sous les ruines de la domination des Romains, qui sauverent du naufrage universel les arts & les sciences. C'est dans les écoles des Eglises Cathédrales, & sur-tout dans les Monasteres, qu'ils trouverent un asyle. Les Moines les ont toujours chéris, les ont toujours cultivés, & la lumiere des lettres luisoit encore parmi eux au milieu de la nuit de ces siecles, qui étoient tombés dans la plus honteuse ignorance. Que dis-je, honteuse? on s'en faisoit gloire: il existe une infinité d'actes authentiques & même bien postérieurs au temps de Charlemagne, dans lesquels on rougit maintenant de rencontrer ces mots qui semblent avoir été une formule usitée parmi les Nobles: *& ledit Seigneur.... a déclaré ne savoir écrire, attendu sa qualité de Gentilhomme.* Tandis qu'il régnoit cette affreuse barbarie, chaque Monastere avoit une bibliotheque considérable. Quoi! Virgile, Térence, Homere, Pindare; quoi! sans ces asyles, où vous vous êtes réfugiés, nous ignorerions vos ouvrages immortels! nous ignorerions même que vous avez existé!

C'est dans ces bibliotheques que l'on conservoit les monumens de la littérature ancienne, dont on renouvelloit les exemplaires en les faisant transcrire. C'est dans ces dépôts précieux que les arts, enveloppés dans le malheur des temps, sembloient reposer & attendre le moment de reparoître avec un nouvel éclat. Ce moment arrive, l'imprimerie est inventée sous Charles VII, dans le quinzieme siecle, & c'est au fond de ces Monasteres qu'elle va chercher ces précieux manuscrits, sur lesquels on a donné au Public ces ouvrages qui ont apporté la lumire dans l'Europe moderne, & ont été comme le germe de tous les chef-d'œuvres actuels.

Musique, non pas au hasard, mais quand la situation sembleroit le demander; c'est-à-dire, en employant, par exemple, l'air du pseaume qui aura été composé dans les premiers siecles avec le caractere du *mode* ou plutôt de la *Musique dorienne*, quand on auroit à exprimer les sentimens des fideles à ce moment du sacrifice où l'Eternel descend sur l'autel sacré; enfin, en se servant de celui qui aura été composé avec le caractere grave & imposant de la *Musique éolienne*, quand on aura à faire parler l'Eternel lui-même (1).

On tâchera alors que notre échelle moderne ne les contrarie point en leur donnant, par exemple, des notes sensibles, tandis qu'ils n'en auroient point. Ce seroit alors les faire ressembler à ces plain-chants, qui, accommodés à la moderne, ont perdu une partie de leur ancienne majesté. Il est ridicule de transporter notre Musique dans le plain-chant, tandis qu'on peut gagner à faire entrer le plain-chant dans notre Musique. Il faudra faire entrer ces chants de pseaumes dans les endroits seulement où les regles de nos modulations pourront s'accommoder avec les leurs.

Il s'en faut bien qu'on rencontre très-souvent cette *parité*. Le tétracorde est trop différent de notre

(1) Qu'on ne croie pas cependant parvenir à son but, en n'attendant son effet, dans ces deux morceaux, que des plain-chants; il faut qu'ils soient revêtus de la Musique la plus expressive, la plus imitative.

gamme. L'échelle des Grecs étoit ſimplement, par exemple, ⁝ *ſi*, *ut*, *re*, *mi*, ⁝ au lieu que la nôtre eſt ⁝ *ut*, *re*, *mi*, *fa*, *ſol*, *la*, *ſi*, *ut*, ⁝; une octave plus haut, nous trouvons que notre échelle eſt la même choſe, comme ils trouvoient que ⁝ *ſi*, *ut*, *re*, *mi*, ⁝ & ⁝ *mi*, *fa*, *ſol*, *la*, ⁝ ſe reſſembloient parfaitement, étant ſemblables dans leurs tons & demi-tons : & ce ſyſtême ſemble prouver qu'ils n'avoient d'abord voulu rendre dans leur échelle ſerrée, que les inflexions de voix que leur langue ſonore & harmonieuſe donnoit à leur récitation, & ſur-tout à leur poéſie, qui commença par être inſéparable de cette eſpece de chant; de ſorte que leur Muſique n'étoit peut-être alors que le ſimple accent de la parole, & ne devint un art à part que long-temps après. Quoi qu'il en ſoit, il eſt certain qu'ils bornoient leurs diviſions à quatre cordes, dont toutes les autres, ſelon eux, n'étoient que des repliques, & qu'ils ne regardoient tous les autres tétracordes que comme des répétitions du premier; d'où je conclus qu'il n'y a pas plus d'analogie entre leur ſyſtême & le nôtre, qu'entre un tétracorde & une gamme, & que notre baſſe fondamentale, que nous voudrions donner pour baſe à ce ſyſtême, ne s'y rapporte en aucune maniere. Je ſoupçonne même qu'ils entendoient autrement que nous les conſonnances ou diſſonnances, & qu'ils formoient des tierces, quintes ou quartes, non par des ſons les uns ſur les autres, mais ſeulement par l'intonation.

Les tétracordes, qui formoient pour eux un tout auſſi parfait que les gammes le ſont pour nous, & qui étoient conjoints ou disjoints à volonté; (ce qui marquoit leur entiere indépendance); leurs notes, qui ſe réduiſoient à quatre pour ſolfier, tandis que nous en avons ſept; les diviſions, qui ſe trouvoient parfaitement ſemblables dans chaque genre, & ſe pratiquoient de la même maniere dans chaque mode; tout cela prouve que leurs modulations ne procédoient point comme les nôtres, & qu'ils n'en reçonnoiſſoient point les changemens par des notes ſenſibles ſemblables à celles de notre Muſique.

Il y a lieu de croire que leurs modulations n'étoient autre choſe que l'union d'un nouveau mode à un mode commencé. Ce nouveau mode, qui avoit déja une eſpece d'analogie avec le premier, ſurvenoit pour le modifier & lui donner de la variété; après quoi, vraiſemblablement, le mode qui avoit commencé le premier reprenoit entiérement ſon premier caractere, dans lequel il terminoit.

Il étoit néceſſaire de faire cette digreſſion, peut-être un peu longue, ſur le chant des Grecs, pour montrer aux Eleves qu'ils ne doivent faire concourir avec notre Muſique les airs des pſeaumes, qui ont été compoſés dans l'ancien ſyſtême, que lorſqu'elle peut l'accompagner ſans le dénaturer, ſans le faire changer de caractere : autrement, au lieu d'ajouter aux moyens d'expressions que nous avons déja, cette union deviendroit inutile pour l'effet.

J'essayerai le chant *dorien* dans la Musique qui sera adaptée à l'*O salutaris hostia* du jour de l'Assomption, en y conformant, par intervalle, la partie vocale, tandis que l'orchestre sera entrer dans le corps des mesures le rhythme du vers saphique que les Grecs employoient pour les sujets religieux. Nous parlerons bientôt plus au long de ce rhythme.

Il sera possible, comme on l'a vu, non-seulement de faire concourir quelquefois avec une Musique déja expressive les plain-chants des hymnes & répons, consacrés à la solemnité qu'on célebre, pour rappeller aux assistans certaines paroles qui fixeront la scene, si l'on peut s'exprimer ainsi; mais encore, dans d'autres situations, d'incorporer dans la Musique les chants quelconques des pseaumes, pourvu que leurs différens caracteres, analogues à chaque genre de la Musique grecque, puissent l'être aussi aux diverses parties du tableau musical, dans lesquelles on les employera. En envisageant les plain-chants sous ces deux nouveaux points de vue, ils seront susceptibles de produire des effets qui pourront contenter la raison, & serviront dès-lors à appuyer une partie du systême que je m'efforcerai de développer.

Voyons maintenant la suite de ce systême; voyons

comment la Musique d'une solemnité peut être différente de celle d'une autre par les chaînes de rapport qui doivent se trouver entre les différentes portions ou différentes parties qui composent les masses générales de la Musique de chacune de ces Messes, & entre les morceaux qui formeront ces parties; par les retours des morceaux qui, entendus d'abord dans une situation, reparoîtront dans une autre analogue à celle-ci, mais seulement dans le fond d'un nouveau morceau, pour en être comme le soutien & en modifier le sens.

On peut voir dans le plan de Noël & dans sa conclusion, la maniere de faire naître ces sortes de *chaînons* entre les parties & les morceaux qui composent ces parties.

Si, pour la fête de Pâque, par exemple, on veut faire rentrer dans les regles de l'*unité* toute la Musique destinée à cette solemnité; si on veut que le Motet de la veille, la Messe & le *Magnificat* des Vêpres se tiennent par ce fil secret, on pourra procéder de la maniere suivante. On choisira d'abord pour le Motet de la veille, différentes paroles dans les Historiens sacrés, & on en formera une histoire suivie de la *Résurrection*. D'après cela, on la fera tenir avec la Messe & le *Magnificat* du lendemain. Le Plan général qu'on peut voir dans la suite de l'Essai composé à l'occasion de la fête de Pâque, est fait selon ce principe. Voyons, pour plus grande intelligence, si le Motet de la veille tient d'abord à la Meſſe. Les endroits qui, dans ce Motet, ſont deſtinés à peindre le tremblement de terre; l'éclat qui part du front du Rédempteur s'élevant de ſon tombeau; la crainte, la terreur des gardes reparoiſſent avec de nouveaux moyens dans le prélude du *Gloria in excelſis* de la Meſſe, deſtiné à retracer cette *Réſurrection*; après quoi le chœur des juſtes, ſortis des lymbes, & qui font le cortege du Rédempteur, fait entendre l'hymne *Gloria*, &c. La Muſique, qui a été deſtinée la veille à peindre la converſation de Madeleine avec le libérateur, lors de ſa premiere apparition, reparoît dans le fond du prélude de cet endroit de la Meſſe, où cette ſainte femme, au moment qu'elle reconnoît ſon divin Maître, lui demande pardon de ſa mépriſe, & s'écrie, dans un air pathétique : *Domine Fili unigenite Jeſu-Chriſte*, &c. Le trait le plus ſaillant de la Muſique qui a été deſtiné à peindre, dans le dernier morceau du Motet de la veille, la joie du Peuple ſur la Réſurrection, & qui eſt adapté ſur ces paroles : *Surrexit enim ſicut dixit*, &c. fait le prélude de chaque morceau du commencement de la profeſſion de foi dans la Meſſe; de ſorte que, d'après ce *Surrexit* rappellé par l'orcheſtre, le Peuple ſemble répondre : « Puiſqu'il eſt reſſuſcité, » il n'y a plus rien d'incroyable dans ce qu'il nous » a enſeigné. Je crois, &c. &c. »

La Muſique de ce même *Surrexit* eſt rappellée

toute entiere pendant le *Resurrexit* de la Messe, qui est établi en partie sur le *Crucifixus*, qui emprunte en ce moment le chant de la Passion, c'est-à-dire, celui que l'Eglise a adapté depuis long-temps sur le *Stabat;* de sorte que ce chœur, qui a emprunté la veille tous les accens de la joie, reparoît avec le même caractere le jour de Pâque; mais sur un nouveau chœur sourd, qui fait entendre alors, comme dans le fond du tableau, le *Crucifixus*, qui le précede, revêtu du plain-chant de tradition du *Stabat mater.* Ce dernier morceau, qui se trouve sur le second plan, c'est-à-dire, sur les cordes graves entendues dans un *pianissimo*, s'évanouit bientôt & est entiérement effacé par le *Resurrexit*, qui se trouve sur le premier plan; c'est-à-dire, sur les cordes aiguës & entendues dans un *forte.* Ce dernier continue au bruit des tymbales & des trompettes, & est destiné à faire absolument oublier celui qui a crayonné foiblement le tableau de la Passion.

Pendant le prélude de l'Elévation, qui est destiné à peindre l'arrivée du Très-Haut, précédé du tonnerre, & faisant tomber, de toutes parts, ses ennemis écrasés, la Musique de l'*Et ecce terræ motus..... exterriti sunt custodes & facti sunt velut mortui* du Motet, se fait sentir dans les parties graves de l'orchestre; & sur ce prélude, la partie vocale chante : *Sanctus Dominus Deus sabaoth; pleni sunt cœli & terra gloriâ tuâ.*

Par ces moyens, la Musique du Motet peut donc avoir une chaîne de rapport avec celle de la Messe.

Voyons si cette contexture, si cette union se trouve entre la Messe & le *Magnificat* de la même fête.

Les traits les plus saillans de la Musique religieuse adaptée à cet endroit, où l'Eternel donne la plus grande preuve de sa miséricorde, à l'Elévation, reparoissent dans le morceau : *Et misericordiâ ejus à progenie in progenies*, &c. Ce moyen réuni à d'autres, qu'il est inutile de détailler, met donc un fil entre la Messe & le *Magnificat*..

La même analogie, le même air de famille, si l'on peut s'exprimer ainsi, doit se rencontrer entre les portions ou parties du Motet, entre les morceaux qui composent ces parties, entre les parties de la Messe & entre les airs, *duo*, *trio* & chœur, qui en font le corps; enfin entre les morceaux qui remplissent le *Magnificat*.

On devra s'efforcer de suivre le même principe pour les autres Fêtes.

Voyez dans les quatre plans contenus dans cet Essai, comment on peut former ces especes de drames sacrés dont les situations, disposées par ordre de circonstances, pourront présenter chacune un événement, une action différente, & présenter une *Musique une*, en s'efforçant de donner aussi cette *unité* aux paroles (qui sont cepenétant toujours les mêmes dans chaque solemnité); par le moyen des sens accessoires qui, en concourant avec le sens primitif, le modifieront, & lui donneront une propriété à la fête actuelle.

J'entends déja les faiseurs de diatribes, les mal-intentionnés, les gens à qui ces préceptes sont incommodes, s'écrier, en disant : « Mais ceci ne » doit pas être permis; c'est heurter l'usage, l'esprit » de l'Eglise ; c'est aller contre les Conciles qui » n'en ont point parlé ». —Il seroit égal de dire qu'il n'étoit permis à (1) *Raphaël* de faire entrer dans son sublime tableau de la transfiguration que ceux qui, sur le *Tabor*, ont été témoins de ce grand événement; parce que l'Evangile n'en parle point. Et cependant, outre les trois disciples qui, sur cette montagne, ont été ravis en admiration, il fait entrer dans ce tableau, plus que poétique, deux autres disciples qui, dans le lointain, paroissent aussi admirer ce Fils de Dieu, élevé de terre, entre *Moïse* & *Elie*, & répandant autour de lui cette lumiere éclatante, semblable à celle qui brille dans ce sanctuaire impénétrable où résident les intelligences éternelles. Il seroit aussi égal de dire que Santeuil a prêché contre les

---

(1) Je suis bien éloigné de vouloir comparer mes foibles talens à ceux de Raphaël & de Santeuil, cité plus bas ; je ne cherche qu'à allumer mon frêle génie au flambeau des leurs, & je ne les nomme ici que pour m'appuyer, en quelque sorte, de leur autorité.

Conciles, contre la Lithurgie, en revêtant ses hymnes d'images, d'épisodes, d'une infinité d'accessoires, qui se tiennent cependant par un fil secret & concourent à mettre de l'*unité* dans ces sortes de poëmes sacrés. Il n'a trouvé tout cela que dans son seul génie, & non dans la Lithurgie. Cependant, le tableau de l'un & les hymnes de l'autre, ont été précieusement recueillis dans nos Temples. Ils se sont permis des choses qui ne sont point dans les permissions des Conciles, mais qui ne contrarient point ces permissions. La législation de l'Eglise ne dit point : *Ne faites que cela*, mais *faites cela.* Elle n'a point dit : Ne remplissez ce devoir que de cette maniere, & ne le remplissez pas mieux. Le nécessaire est commandé ; le surplus est laissé à notre zele & à notre émulation.

Mais pourquoi nous servir des autorités de *Raphaël* & de *Santeuil*, tandis que nous en avons de bien plus authentiques, qui sont celles de l'Eglise elle-même? Le Maître de Chapelle peut d'autant plus modifier différemment le sens des paroles qui sont les mêmes dans chaque fête, pour les approprier à ces solemnités, que la premiere législatrice, l'Eglise le fait elle-même. Venons à la preuve : en voici une, entre mille, qui seule peut m'autoriser. Son intention a été de modifier différemment le sens des paroles suivantes, en les employant, & dans l'office de la Vierge, & dans celui de la dédicace.

Voici

Voici ces paroles : *Sanctificavit tabernaculum ſuum altiſſimus; Deus in medio ejus.* Dans l'office de la Vierge, ſon intention eſt de leur donner ce ſens : « Le Seigneur a ſanctifié le ſein de la Vierge, » & Dieu a habité au milieu de ſes entrailles ». Dans l'office de la dédicace, elle lui donne celui-ci : « Le Seigneur a ſanctifié ce temple de pierre, » qu'il a choiſi pour ſa demeure, & il eſt ſans » ceſſe préſent dans le tabernacle ».

Dans le ſeptieme répons de la fête de S. Louis, l'Egliſe, après avoir mis dans la bouche du ſaint Roi ces paroles: *Cùm ſederem Rex, circumſtante exercitu, eram tamen mœrentium conſolator* (1); « étant à » la tête de mes armées, je ne goûtois pas de plaiſir » plus ſenſible que celui d'eſſuyer les larmes des » affligés ». L'Egliſe, dis-je, après ces paroles, lui fait dire les ſuivantes: *Sic decet nos implere omnem juſtitiam;* c'eſt-à-dire : « C'eſt-là un des premiers » devoirs d'un Roi; il ne ſeroit pas juſte, s'il ſe » refuſoit à un penchant ſi beau & ſi noble. Or, voyons le ſens qu'a ce dernier paſſage dans l'endroit d'où il eſt extrait, & que l'Egliſe fait entendre dans l'Evangile (2) chantée le jour qu'on célebre le Baptême de J. C. Il y eſt précédé par ceci: Le Fils du Très-Haut preſſe S. Jean de lui donner le baptême; le ſaint précurſeur s'en défend autant

(1) *Lib. Job.*

(2) Math. chap. 3.

qu'il peut, en lui disant qu'il ne convient pas à un simple mortel de donner le baptême à un Dieu. Le libérateur lui répond : « Que cela ne vous ar» rête point; je n'ai pas besoin, à la vérité, de » cette cérémonie, mais c'est un devoir de ma » mission de m'y soumettre comme les autres ». *Sic decet nos implere omnem justitiam.* Dans mon systême, on ne fait pas autre chose; on ne fait que modifier le sens des paroles, & mettre dans la bouche d'un nouveau personnage ce qui, par le sens primitif, est dans celle d'un autre.

Le Maître de Chapelle peut modifier aussi le sens de celles qu'il tirera de l'Ecriture-Sainte, pour les rapporter au sujet de la fête qu'il célebre, & faciliter la marche de son espèce de drame sacré. L'*Eglise* lui en donne encore l'exemple.

Le premier sens de ces paroles (1) : *Memorare dierum humilitatis tuæ ; & invoca Dominum, & loquere regi pro nobis, & libera nos de morte*, est, selon l'Historien sacré, une supplique que fait Mardoché à Esther, dans laquelle il la conjure d'intercéder auprès de son époux Assuérus, pour délivrer le Peuple Juif de la mort. L'Eglise en détourne le sens dans l'office de la Vierge, & c'est alors une priere adressée à la mere du Rédempteur de la part des Chrétiens, pour l'engager à

(1) Esther, chap. 15.

prier Dieu de les délivrer de la damnation éternelle (1).

Il peut encore être d'autant plus permis à un Maître de Chapelle de s'arrêter sur le morceau de la fête dont les paroles (quoiqu'invariables), jointes à des sens accessoires & à une Musique imitative, seront les plus propres à peindre l'objet principal de cette solemnité; il peut lui être, dis-je, d'autant plus permis d'en faire comme le point central de son Ouvrage, semblable à un tableau particulier qui peint le principal événement d'une collection de tableaux, que ceci lui est tracé, commandé, j'ose l'affirmer, par celle qui, la premiere, doit diriger les nouveautés que son art lui indique,

---

(1) Avec tout cela, dira-t-on encore, il n'est pas permis de modifier, de détourner ainsi les paroles qui sont sous la Musique profane, qui ont toujours leur premier sens, & n'ont que celui-là. —— Tout cela est vrai; mais il n'en est pas de même des paroles de l'Eglise, & il y a bien des parties où ces deux genres ne peuvent pas se comparer. Presque toutes les paroles de l'Ecriture-Sainte ont plusieurs sens qui sont tous vrais. Il est permis aux Orateurs Chrétiens, en gardant toujours le sens littéral, de leur donner un sens analogique, accommodatif. Il n'en est pas de même de l'Orateur du Bareau; il doit toujours garder le sens littéral, parce qu'il doit sans cesse prouver, & que, pour cela, il faut qu'il s'en tienne à la rigueur des termes. Le Prédicateur a non-seulement à prouver, mais encore à édifier. Les paroles de l'Eglise mises en musique, peuvent encore être comparées aux habits sacerdotaux, qui, sans changer de formes, prennent cependant une couleur particuliere à chaque solemnité.

par l'*Eglise.* Le pseaume *Credidi* est invariable; quoiqu'il soit employé par elle, sous différens rapports, dans la Fête-Dieu & dans celle des Martyrs. Dans la premiere, c'est par le verset ou couplet : *Calicem salutatis accipiam & nomen Domini invocabo*, qu'elle le rend propre à cette fête. Et ce jour-là, elle regarde cet endroit comme le point central du pseaume ; elle le regarde comme le verset le plus remarquable, puisqu'elle en fait l'antienne qui suit ce pseaume. Dans la seconde, c'est-à-dire, dans la fête des Martyrs, elle regarde comme point central du pseaume, qui le rend propre à cette solemnité, le *verset Pretiosa in conspectu Domini mors Sanctorum ejus*, & elle le prend pour l'antienne qui le suit.

A l'époque de Noël dernier, il y avoit plus de six ans qu'ayant conçu l'idée d'une Musique *une*, *imitative*, & particuliere à chaque solemnité, j'étois découragé, assommé, lorsque j'étois obligé de prendre la plume pour composer la Musique d'Eglise, telle que je l'avois fait précédemment. L'usage, ou plutôt la *routine* impérieuse, se hérissoit sur-le-champ de ses défenses empesées & mystérieuses sans mystere, au moment où je laissois échapper seulement une étincelle de ce projet, lors de mon séjour dans certains Chapitres de la Province. A peine essayois-je de briser un seul chaînon des fers dans lesquels on me retenoit, que, sur-le-champ, une défense grave & solemnelle m'étoit faite dans toutes les formes. J'arrive dans la Capitale toujours tourmenté par le desir de mettre ce nouvel intérêt dans la Musique d'Eglise; & ce desir s'échauffoit, se roidissoit d'autant plus contre toutes les défenses, que j'avois sans cesse sous les yeux les exemples que j'ai cités tout-à-l'heure, & qui devoient autoriser la permission; sans compter l'exemple des Prédicateurs, qui modifient sans cesse le sens de l'écriture, & qui me sembloient, par-là, devoir applanir les difficultés que me présentoit, sans relâche, la routine qu'on avoit soin de décorer pour moi du nom imposant d'*usage sacré*. Enfin, le moment arrive; je communique mon principe à un Chapitre aussi éclairé qu'illustre, &, sur-le-champ, il rompt les barrieres qu'on avoit bien voulu, jusques-là, rendre insurmontables, m'encourage, me permet de me lancer dans l'arene, d'essayer mon principe, me soustrait enfin aux vexations précédentes, & par-là me force à lui donner ici un témoignage public de ma vive reconnoissance.

Mais ce n'est pas tout qu'on m'eût permis de l'essayer; comme mon objet ici est de le développer autant que je pourrai pour l'intelligence des Eleves, voyons si la Musique ne peut pas ajouter, aux moyens d'imitation qu'elle a déja, l'emploi des différens rhythmes de la Musique grecque.

Tâchons d'abord de découvrir quel étoit ce rhythme dont les Grecs, selon tous les Historiens, tiroient de si grands effets. C'est à quoi nous allons procéder dans le Chapitre suivant.

CHAPITRE II.

Que la Musique pourroit acquérir un nouveau moyen d'imitation, en empruntant dans le corps de ses mesures les divers Rhythmes des Grecs.

LA jonction de plusieurs temps, qui avoient entr'eux de certaines porportions, étoit ce que les Grecs appelloient *rhythme*. Il faut remarquer que les Grecs n'avoient point, comme les modernes, une mesure particuliere pour leur Musique; elle étoit la même que celle de leur poésie : de sorte qu'ils auroient pu même, à la rigueur, se passer de signes particuliers pour désigner la mesure ou le rhythme de leurs airs adaptés sur les paroles; il étoit tout indiqué par celui de ces paroles, autrement de la poésie. Cependant, pour donner apparemment plus de facilité aux Exécutans, & afin qu'ils pussent, d'un coup-d'œil, appercevoir la mesure dans laquelle ils avoient à chanter, l'on mettoit en tête des poésies lyriques (& elles l'étoient presque toutes) le canon ou modele, c'est-à-dire, les signes des différens temps du rhythme. Comme cette Musique étoit adaptée sur une poésie dont toutes les syllabes étoient breves ou longues, le ſon qui répondoit à la ſyllabe longue avoit à lui ſeul la durée de deux ſons, répondant à deux ſyllabes breves. C'eſt ce qui formoit l'*allure* d'un dactyle. Pour répondre à un *ïambe*, le ſon qui répondoit à la breve duroit une fois moins que celui qui répondoit à la longue. Pour répondre à un *trochée*, c'étoit l'inverſe. Pour répondre à un *ſpondée*, les deux ſons étoient égaux. Par ces moyens, les pieds de leurs poéſies ſe retrouvoient parfaitement dans leur Muſique.

Les canons, dont nous avons parlé tout-à-l'heure, étoient les chiffres 1. 2. Le Manuel d'*Héph ſtion* préſente quelques-uns de ces canons poétiques ou rhythmiques. Les Latins avoient auſſi leurs ſignes pour le rhythme, qu'ils appelloient *numerus*, c'eſt-à-dire, nombre; témoin ce vers de Virgile:

Numeros memini ſi verba tenerem.

Ils les appelloient auſſi *æra*, c'eſt-à-dire, marque du nombre. *Lucilius* emploie ce mot dans le ſens que nous venons de lui donner, lorſqu'il dit:

(1) *Hæc eſt ratio perverſa æra! ſumma ſubducta improbè!*

« Peut-on appeller un compte bien fait des chiffres brouillés! une ſomme dont le calcul eſt infidele «!

C'eſt encore en ce ſens qu'on trouve ce mot

(1) P. 74, édit. de Sedan. liv. 29, frag. 30.

dans le passage suivant : *Ac morem secutus calculorum qui ingentes summas æris brevioribus exprimunt, &c.* (1).

« J'imiterai ces calculateurs qui, avec un petit » nombre de chiffres, savent exprimer de grosses » sommes ».

Quoi qu'en dise Ménage, dans son Etymologie de la Langue Françoise, il paroît que c'est du mot *æra* qu'est venu l'italien *aria*, & le françois *air.* Venons aux caracteres produits par l'arrangement des différens rhythmes, par leurs combinaisons dans les vers. Les Grecs ont eu intention de les rendre analogues aux différentes *allures*, aux différentes démarches des passions des hommes, afin de parvenir, par cette analogie, à peindre ces différentes passions.

Les combinaisons du rhythme du vers élégiaque ou pentametre, n'étoient employées primitivement que pour peindre les sentimens pathétiques, la tristesse. Ces moyens étoient communs entre la Poésie & la Musique, puisque les pieds ou mesures de l'une passoient entiérement dans l'autre. L'*allure* du vers ïambique pur fut inventée pour exprimer, par sa rapidité, la démarche de la colere, de la fureur.

La marche d'un *vers*, à laquelle la Musique se conformoit, pouvoit recevoir plus ou moins de

(1) *Sextus Rufus*, sect. 1, breviar. 1.

vîtesse ; & comme ce vers conservoit toujours le même *rhythme*, il ne changeoit point alors de *nature*, mais de *caractere*. Ainsi, l'allure du vers ïambique, par exemple, selon qu'il étoit plus ou moins accéléré, exprimoit ou la colere ou simplement l'agitation, le feu, la vivacité de quelque sentiment quelconque. D'ailleurs, ils employoient aussi alors le vers ïambique tempéré. La marche, pleine de dignité, du vers saphique entre-mêlé du grave *spondée*, s'emploie pour les hymnes qui se chantoient en l'honneur des dieux, dans les fêtes & les sacrifices.

La marche du vers *hexametre* s'employoit pour les sujets sérieux, tranquilles, pour les sentimens nobles & héroïques.

L'allure du vers alcaïque fut d'abord inventée pour imiter celle des sentimens nobles & fiers. Je me suis d'autant plus attaché à établir ces différentes démarches caractéristiques de la Poésie ancienne, qu'elles faisoient le point capital de leur musique, qu'elles étoient, pour ainsi dire, l'ame qui animoit le corps de leur mélodie. Platon prouve ceci lorsqu'il ne vouloit point reconnoître pour Musiciens ceux d'entre eux qui ne connoissoient point parfaitement le rhythme. Il en est de même aujourd'hui. On refuse, avec raison, cette qualité à quiconque n'iroit point de mesure en chantant ou jouant de quelque instrument, quoiqu'il connût bien les notes & exécutât parfaitement les intonations.

Je n'ai pu retirer d'autres fruits de mes veilles ; quant à la recherche du rhythme des Grecs, tant vanté, & voilà tout ce que l'étude assidue des anciens auteurs a pu m'apprendre sur ses différentes propriétés. Voyons maintenant si, dans certains endroits, on ne pourroit pas en enrichir le nôtre, malgré qu'il soit aussi très-étendu, & que les habiles Musiciens en aient déja su tirer les plus grands effets ; voyons si plusieurs des auteurs postérieurs ont eu raison lorsqu'ils ont prétendu qu'il étoit impraticable dans la Musique moderne ; voyons si leurs regrets, à cet égard, ne sont pas susceptibles d'adoucissement, en trouvant les moyens d'introduire en quelque sorte, dans notre Musique, ce *rhythme ancien* qu'ils croient absolument enseveli pour toujours sous la ruine des temps. Avant même de parler de cette tentative, ne pourrions nous pas examiner si on a eu raison de croire notre rhythme si impuissant auprès de celui des anciens ? Quoiqu'on ne se soit pas servi jusqu'ici de ce dernier, ou du moins que tellement par hasard, qu'à peine citeroit-on deux morceaux de la Musique moderne où on pût en rencontrer quelques traces, on en a substitué un autre dont on tire tous les jours les effets les plus surprenans. Quoi de plus merveilleux que notre assemblage de voix & d'instrumens qui, ayant chacun un rhythme (1) particulier en même tems

(1) *Le rhythme* n'est point, chez les modernes, [illegible]

qu'ils ont une même mesure, tendent, par leurs langages, quoique différens, à former un groupe parfaitement *un* au moyen de notre harmonie & de cette mesure qui leur est commune. Par ces nouveaux moyens, aussi variés que ceux de la Musique grecque, c'est-à-dire, par un groupe de différens chants formant unité de mélodie en rentrant dans le système harmonieux; par le concours des différens rhythmes entendus en même-temps, formant *unité* de mouvement en rentrant dans une mesure qui leur est commune, il naît quantité d'expressions propres à peindre, à remuer toutes les passions, à réveiller tous les sentimens dans l'ame des auditeurs, à réveiller même, par le sens de l'ouïe, des sensations qu'ils n'avoient précédemment éprouvées que par un autre sens. Enfin, par la volubilité & la cadence de ses mouvemens, notre Musique, sur-tout si elle est jointe à la Poésie (1), peut, non-seulement par ses différentes inflexions, par l'agitation des *forte* & *piano* successifs, mais encore plus par ses mouvemens, par sa mesure & son rhythme, peindre à l'imagination le brillant des éclairs, le fracas de la

différentes valeurs des notes qui remplissent ces mesures. Le thythme, chez les anciens, étoit en même-temps la mesure & la valeur des notes. La mesure & le rhythme; chez nous, sont des mouvemens qui ne se ressemblent point; chez les anciens, c'est une seule & même chose.

(1) La Musique perdroit beaucoup, & même ses plus grands moyens de peindre, si elle se séparoit de la Poésie.

foudre, un tremblement de terre, la fougue & l'impétuosité des vents, le bruit d'une tempête, & même certaines actions humaines où il y a beaucoup de mouvemens, comme des enlévemens, des combats, des assauts, &c.

Si *Isaac Vossius* avoit entendu les chef-d'œuvres modernes des Gluk, des Piccini, des Gossec, des Grétry, des Philidor, auroit-il jamais osé écrire que la Musique moderne manquoit absolument de variété, non-seulement dans sa mesure, mais encore dans son rhythme, comme on le voit par ce passage : *Adeoque temporum varietate destituitur hujus ætatis Musica, ut verè de ea dici possit unius propemodum eam esse coloris & saporis.*

C'est parce que notre systême musical n'a point un rhythme déterminé, selon lui, que notre Musique n'a plus le pouvoir merveilleux de peindre les passions, & de faire passer dans l'ame des auditeurs les sentimens qu'elle veut exprimer. *Vossius* n'a donc entendu que les plus mauvais morceaux de la Musique moderne ; car où est l'homme assez froid, assez barbare, j'ose le dire, à qui les chef-d'œuvres de la Musique moderne n'auroient point fait profondément sentir leur langage énergique ?

Si nous prouvions que Vossius se contredit dans le même ouvrage, ne pourroit-on pas assurer que ce qu'il dit ne fait point autorité ? Or, bien certainement il se contredit. Dans un endroit il prétend que si notre Musique produit encore quelque effet, c'eſt plutôt par l'énergie des paroles auxquelles elle eſt jointe, que par la force de notre rhythme. Dans un autre, « c'eſt, dit-il, peu ou point en » vertu de la poéſie à laquelle il eſt uni, que notre » chant produit quelque eſpece d'effet, parce que » l'arrangement de notre rhythme eſt tel, que l'on » n'entend preſque point l'articulation, la pronon- » ciation de cette poéſie ». Selon ce dernier paſſage, ce chant vocal n'emprunte donc point des paroles ſon *eſpece d'effet*, mais du rhythme qu'il déprime. On voit que ce dernier paſſage contredit évidemment le premier. Il le contredit encore dans un autre endroit. « Il n'y a, dit-il, dans le rhythme » moderne que celui des tymbales, des tambours, » des trompettes qui produiſe de l'effet ». Or, le rhythme des tymbales, &c. eſt parfaitement le même que celui du reſte de notre Muſique. Tous les autres inſtrumens & les voix peuvent donc produire des effets comme en produiſent les tymbales? D'ailleurs, pourquoi *Voſſius* crie-t-il ainſi *à la perte*, en parlant de celle du *rhythme des Grecs*? Eſt-il tellement perdu dans la nuit des temps qu'on ne puiſſe le ramener à la lumiere, qu'on ne puiſſe le réhabiliter du moins en partie? Venons à la tentative dont j'ai parlé plus haut, à celle d'enrichir notre Muſique, dans certains endroits, par ce rhythme des anciens.

Nous allons tâcher de développer ce nouveau ſyſtême, en nous tenant même à la meſure à deux temps, quoique l'on pourroit auſſi, dans ce cas, employer quelquefois les autres meſures. Dans certains endroits de notre Muſique, ne pourroit-on pas, lorſqu'on auroit à rendre la marche, l'*allure* de la mélancolie, des ſentimens triſtes & pathétiques, employer l'*allure*, la marche du vers élégiaque, qui étoit auſſi celle de la Muſique de ce caractere ?

Le vers pentametre ou élégiaque a quatre pieds & deux céſures, les deux premiers pieds ſpondées ou dactyles, & une céſure longue ; les deux derniers pieds dactyles, & une céſure longue ou breve, il n'importe.

En voici les pieds ſucceſſifs qu'on pourroit tranſmettre quelquefois dans notre Muſique de la maniere ſuivante :

Meſure à 2 temps.

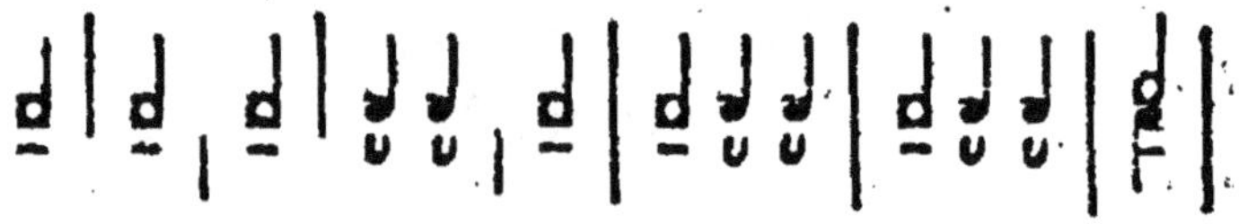

Mais, dira-t-on, cette meſure, uniforme pendant tout un morceau, jettera de la monotonie. En ce cas imitez encore les anciens, & employez les différentes combinaiſons de ce vers, qu'ils appelloient les divers modes ou formes d'un vers. Celui-ci a quatre combinaiſons différentes, telles qu'elles ſuivent.

Figure entiere du vers élégiaque dont le rhythme peut être transporté dans certains morceaux de la Musique moderne.

Mesure à 2 temps.

Première combinaison.

Deuxième combinaison.

Troisieme combinaison.

Quatrieme combinaison.

Comme les anciens employoient toujours le vers hexametre avant le pentametre ou élégiaque, & qu'ils employoient aussi les différentes combinaisons de ce grand vers, qui sont en très-grand nombre, quelle variété dans le rhythme ne peut-on pas encore tirer de là ! On pourroit, je crois, pour imiter la plus grande tristesse, isoler, pour ainsi dire, la césure, en la mettant au milieu de deux silences, en cette maniere :

Mesure à 2 temps.

Le vers ïambique étoit, ou *pur* ou *tempéré*. L'ïambique *pur* avoit quatre pieds, composés tous d'ïambes. On pourroit quelquefois, pour ajouter à l'expression l'expression de la fureur, en employer la marche rapide dans notre Musique, de la maniere suivante, en rendant la mesure vive & animée.

Mesure à $\frac{6}{8}$ { ∪ – | ∪ – | ∪ – | ∪ – | & continuant, en recommençant les pieds du vers.

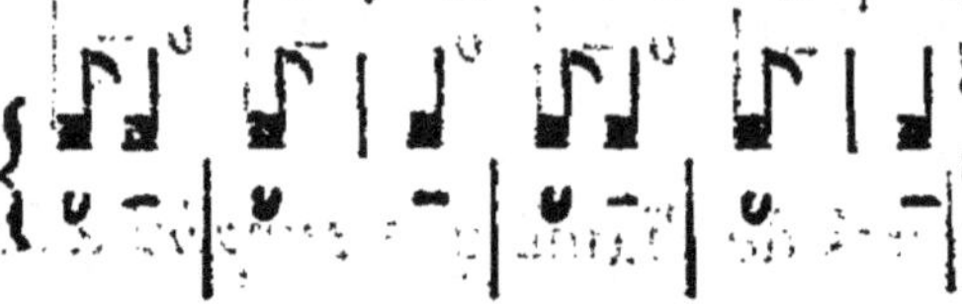

Le vers ïambique tempéré a aussi quatre pieds, dont le premier & le troisieme peuvent être spondées, ou leurs équivalens, qui sont l'*anapeste* & le *dactyle*. On pourroit l'employer dans certains morceaux pour peindre simplement le feu, la vivacité de quelque sentiment quelconque, qui n'est pas la fureur. On intercaleroit alors ce rhythme dans une mesure un peu plus lente.

En voici les différentes figures:

Mesure à 2 temps. { – – | ∪ – | – – | ∪ – | Et recommençant la même marche.

Mesure à 2 temps. { ∪ ∪ – | ∪ – | ∪ ∪ – | ∪ – |

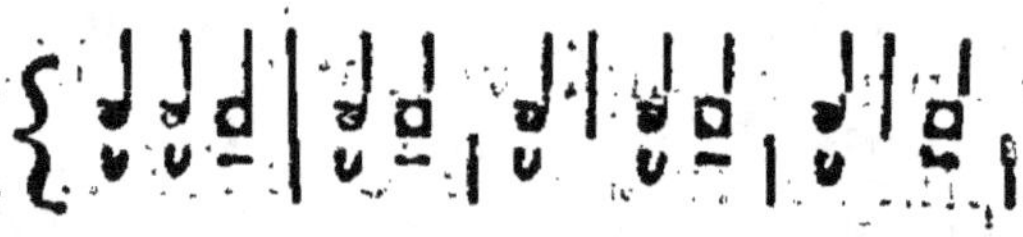

On peut encore employer l'ïambique à six pieds, qui sera aussi ïambique *pur* ou ïambique *tempéré*. L'ïambique *pur* alors n'admet dans tous ses pieds que l'ïambe. Le *tempéré*, en exigeant l'ïambe aux pieds pairs, deux, quatre, six, admet aux pieds impairs, à la place de l'ïambe, le spondée ou ses représentans, le dactyle & l'anapeste.

Voici la figure de l'iambique pur à six pieds.

Mesure à $\frac{6}{8}$

Voici les figures de l'iambique *tempéré* à six pieds.

Mesure à 2 temps.

La marche ou l'*allure* du vers saphique qui s'employoit pour les hymnes chantées dans les temples, pour les sacrifices, procédoit de cette manière : trochée, spondée, dactyle, deux trochées ; ce qui formoit un vers à cinq pieds.

Ainsi :

Les anciens employoient trois fois la marche du vers saphique, ensuite celle de l'*Adonien*, dont voici la figure :

A 2 temps.

Après quoi ils recommençoient les trois *saphiques*, & l'*Adonien* successivement.

On peut employer aussi, comme eux, le *saphique pur*, qui, alors, approche de la démarche du *pha-*

leuque de l'hypponactique. Le *phaleuque* a cinq pieds: 1er, spondée, 2, dactyle, 3, 4, 5, trochées.

Ainsi :

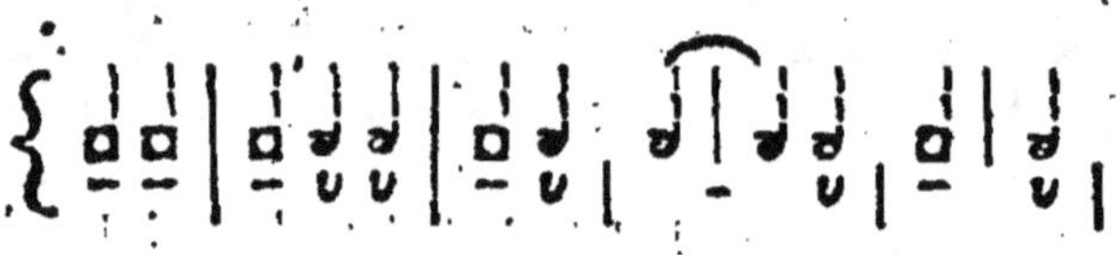

L'*hypponactique* a cinq pieds, & une césure à la fin: tous les cinq peuvent être ïambes.

Ainsi :

Il admet aussi le spondée aux premier & troisieme pieds. Ainsi :

Figure des trois rapprochés & comparés.

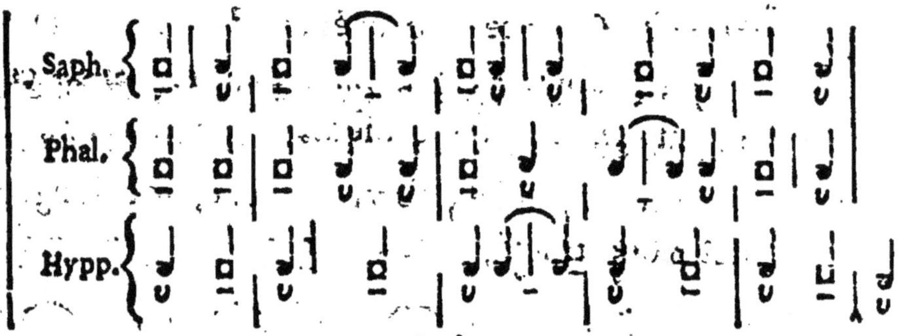

Saph.

Phal.

Hypp.

Ne pourroit-on pas employer la marche du vers héxametre, dont les Grecs se servoient pour les sujets sérieux, tranquilles, pour les sentimens nobles & héroïques, dans les endroits de notre Musique où l'on voudroit donner l'idée de ces sujets & peindre ces sentimens ?

Le vers héxametre a six pieds, les quatre premiers, spondées ou dactyles; le cinquieme, toujours dactyle, & le sixieme, toujours spondée; & on peut, en employant leur marche, mettre d'autant plus de variété, qu'il y a dans les quatre premiers pieds seize combinaisons différentes.

En voici la figure :

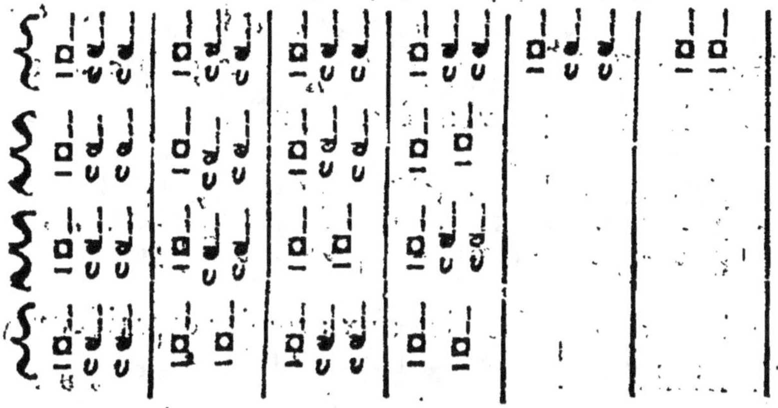

On emploira la démarche du premier, puis celle du second, ainsi de suite.

&c. &c.

Le vers alcaïque a quatre pieds, & une césure longue au milieu. Le premier est spondée ou ïambe, le second ïambe, suivi d'une césure longue, les deux derniers dactyles.

Ainsi :

Les Anciens, après deux alcaïques, mettoient pour troisieme vers un spondée, un ïambe, un spondée, un ïambe suivis d'une césure longue.

Ainsi :

Enfin, pour finir la strophe, ils se servoient de deux dactyles & deux trochées.

On peut employer ces différentes marches pour les sentimens nobles & fiers.

Figure entiere des vers alcaïques, tels que les Anciens les employoient dans l'ode.

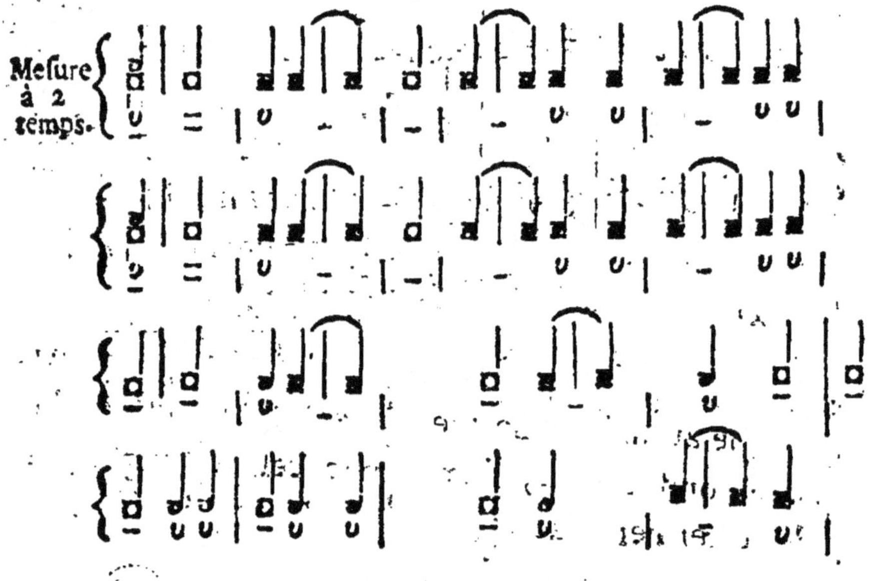

Mesure à 2 temps.

On a dû voir que les rhythmes de tous ces différens vers peuvent être fidelement transmis dans notre Musique, ainsi que leurs combinaisons; on a dû voir, dis-je, qu'ils peuvent entrer dans le corps de nos mesures à *deux temps* ou *six huit*, par la différente quantité ou valeur des *notes*, qui les remplissent, sans déranger en aucune maniere notre systême moderne, qui est trop beau, trop parfait pour y faire des changemens. Ceci n'y fera aucune mutation; ce sera seulement une adjonction à notre

Musique pour en tirer de nouveaux effets. On n'emploiera point cet ancien rhythme avec le moderne, qui, quand il paroîtra, agira, pour ainsi dire, seul. Il en sera de même du premier: quand on l'emploiera, on lui laissera aussi son caractere unique, sans le contre-carrer par un rhythme moderne; de sorte que ces deux rhythmes pourront avoir entre eux une entiere indépendance. Cependant la *partie* principale pourroit peut-être quelquefois emprunter le rhythme grec, & être soutenu d'un rhythme moderne, ou emprunter le rhythme moderne, & être soutenu d'un rhythme grec; mais il faut que ces deux genres soient tellement mariés entre eux, qu'ils ne forment aucun disparate.

Ces rhythmes anciens pourront, dans notre chant, conserver entiérement leurs différentes proportions, c'est-à-dire, que leur *longue* durera toujours autant que deux *breves*, & que leur *breve* ne durera que la moitié d'une *longue*.

Cependant, comme les historiens sont d'une obscurité impénétrable par rapport aux inflexions, à l'harmonie, à la mélodie des Grecs, & qu'ils ne nous apprennent, pour ainsi dire, rien là-dessus, qu'on ne croie pas parvenir à son but par l'emploi seul de ces rhythmes, sans s'occuper beaucoup du chant qui en fera le corps; il faudra, par exemple, quand on emploiera l'allure du vers ïambique *pur*, que la mesure soit rapide; *allegro agitato*, & que le chant ait des inflexions qui passeront rapidement des cordes graves aux cordes aiguës, & de celles-ci aux premieres; il faudra que l'harmonie soit tantôt sombre, tantôt bruyante, éclatante, & qu'elle soit revêtue de toute l'agitation du foible & du fort dans les sons; par ces moyens, on pourra parvenir à exprimer la *colere*, la *fureur* que les Grecs se proposoient de rendre par la Musique nombrée sur le vers ïambique pur. Quand on employera le rhythme du vers ïambique tempéré, on se servira à-peu-près des mêmes moyens, seulement en rallentissant le rhythme qui conservera toujours sa proportion; & on rendra le feu, la vivacité des sentimens quelconques, qui ne seront point la colere. Si on se sert de la démarche du vers élégiaque, il faudra que le rhythme en soit transmis dans une mesure lente, *adagio*; tandis que l'harmonie sera très-rapprochée dans les cordes les plus graves, que le chant aura les accens les plus tendres, les plus pathétiques, & sera accompagné par les sons tendres de la clarinette. Que tout cela soit mêlé aux sons *lourés* des flutes & bassons qui se feront entendre en même temps que les trombons lamentables qui, entendus dans le grave de leur diapason, tendront à jetter une teinte rembrunie sur tout le morceau. Par ces moyens, on pourra du moins se rapprocher de l'effet que la Musique des Grecs tiroit du rhythme des vers élégiaques, lorsqu'elle vouloit peindre la mélancolie, la tristesse, l'abattement d'une profonde douleur.

Lorsqu'on emploiera le rhythme du vers hexametre & toutes ses combinaisons, qu'on l'incorpore dans une mesure qui puisse, pour la durée de ce rhythme, lui faire tenir le milieu entre celle de l'iambique & de l'élégiaque; que cette mesure soit conséquemment *andante*. Que le chant prenne un ton noble & imposant; que le foible ou le fort des sons y soit assez uniforme, que l'harmonie en soit pleine & majestueuse, que les sons héroïques des timbales & trompettes s'y fassent entendre par intervalle; alors on pourra rendre le caractere sérieux, tranquille, les sentimens nobles & héroïques que les Grecs se proposoient de rendre par la Musique nombrée sur le vers hexametre & ses différentes combinaisons qui devoient jetter autant de variété que les rhythmes des modernes.

Les plain chants de quelques hymnes conservés dans nos temples, ont quelque chose de ces rhythmes; mais les airs de ces hymnes, cependant, n'en observent pas pour la plupart la quantité, telle que les Grecs l'entendoient. On y voit plusieurs notes sur une longue, & des dactyles ou trochées ou spondées qui durent beaucoup plus long-temps que d'autres dans le même morceau. D'ailleurs, ils sont employés au hasard & sans l'intention de rendre les caracteres que les anciens leur donnoient, puisqu'ils sont mesurés sur des vers dans lesquels on voit évidemment, par le sens, que le Poëte n'y a souvent pas plus pensé que le Compositeur du plain-chant; au lieu que les pieds du vers hexametre, &c. que nous proposons ici d'employer, gardent absolument la même figure que ceux des Grecs.

On a toujours cru que le rhythme des vers grecs ou latins étoit actuellement impraticable, parce qu'il jetteroit de la monotonie dans notre Musique; mais on n'a donc pas pris garde que, par exemple, les seize combinaisons des pieds du vers hexametre donnent lieu à seize phrases musicales qui résultent de chaque maniere de combiner les pieds.

On remarquera que ce n'est, pour ainsi dire, que pour les morceaux de Musique instrumentale que j'ai exposé cette application à nos effets musicaux : que c'est, par exemple, pour les *marches* religieuses ou guerrieres, pour les ouvertures qui tiennent à une grande action, pour les symphonies qui sont en situation, pour les préludes, pour les entrées de quelques personnages, pour les accompagnemens d'un air dont les paroles, par leur sens, semblent demander telle ou telle démarche dans les instrumens qui sont alors comme les interprêtes de la partie vocale (1).

(1) On peut voir, dans les plans de Noël & de l'Assomption, dans quels endroits j'ai employé plusieurs de ces rhythmes.

Car, pour les introduire dans cette partie vocale; il faudroit que le même metre se trouvât dans des paroles composées avec les mêmes intentions. La poésie destinée à nos Temples a bien ces différens rhythmes; mais souvent on ne les y a pas employés pour caractériser tel ou tel sentiment, comme les anciens le faisoient dans leur poésie; témoins les vers ïambiques de Santeuil, qui sont employés, non pour exprimer la fureur, mais pour marquer la joie, le triomphe. On pourroit cependant tirer parti de ses vers *saphiques*, qui plus souvent peuvent avoir l'intention des Grecs.

Quant à la poésie françoise, elle pourroit encore être entendue sous des morceaux graves, sous une Musique funéraire qui emploieroit le rhythme du vers pentametre ou élégiaque, ou sous une musique religieuse, noble, majestueuse, qui emploieroit celui du vers hexametre. Elle pourroit d'autant plus s'accommoder quelquefois à ces deux rhythmes musicaux, que ses longues & ses breves, quoiqu'elles doivent être observées, sont cependant moins sensibles que dans le grec & le latin. Mais, dira-t-on, la poésie qui sera sous ces rhythmes, ne peut pas s'accommoder, s'arranger sous le rhythme musical *élégiaque* & *hexametre*. Elle le peut d'autant plus, que la langue françoise est remplie de syllabes douteuses qu'on peut rendre longues ou breves à volonté; que les mots de deux syllabes où la premiere est longue

& la seconde breve, ou bien où la seconde est longue & la premiere breve, peuvent cependant être sous une mesure musicale que remplira un spondée. D'ailleurs, comme il n'y a, dans les deux Caracteres de Musique dont nous parlons dans ce moment, que des *spondées* & des *dactyles* & une césure longue, combien de *spondées* & de *dactyles* ne présentent point la langue françoise, malgré que *Vossius* assure que notre langue ne contient point un seul mot *dactyle* (1). On auroit pu lui répondre, que dans la seule traduction françoise de la *page* où il avance une si grande fausseté, on auroit pu rassembler un grand nombre de mots trisyllabes qui sont de véritables dactyles; tels que *brusquement*, *exprimer*, *quantité*, *ancien*, *surprenant*, *fermeté*, &c. &c.

On remarquera que la Musique ne forcera pas ici la poésie à avoir des pieds comme les vers grecs, élégiaques & hexametres; mais que simplement la poésie, quand, par le sens, elle aura déja le caractere qu'avoit la Musique élégiaque & hexametre, s'accommodera, se prêtera à ces especes de rhythmes.

---

(1) On le voit par ce passage: *In linguâ gallicâ, illud imprimis notatu dignum, quod nullum in hac vocabulum trisyllabum reperiatur, quod dactylum constituat.*

CHAPITRE III.

Que les plain-chants employés dans la musique de nos temples peuvent être nuancés avec elle de maniere à ne former aucun disparate; que deux chants très-différens, c'est-à-dire, dont l'un est nouveau & l'autre rappelle un air connu, peuvent cependant former un parfait ensemble.

QU'ON ne croie point avoir nuancé, d'une maniere mélodieuse, les plain-chants avec la musique, lorsqu'on aura fait ce qu'on appelle du *contre-point*. Il faut que l'air, ou *duo*, ou *trio*, qui sera joint à ces airs sacrés de tradition, puisse d'abord s'exécuter seul, puisse être parfaitement chantant & plaire indépendamment de ce plain-chant (1), qu'on fera entrer ensuite dessous ce morceau. Otez le plain-chant d'une musique en contre-point, il ne reste plus qu'une musique baroque, sans chant, sans ame; il ne reste plus qu'un malheureux squélette. Le plain-chant en contre-point ne doit être

(1) On s'astreindra, autant qu'on le pourra, à n'employer que ceux de ces plain-chants qui sont chantans & assez connus du Peuple, pour qu'il puisse, en les entendant, se rappeller sur-le-champ des paroles auxquelles ils ont été consacrés.

employé que très-rarement, & tout au plus dans une fugue; encore faut-il que cette fugue ait des accens qui peignent la situation actuelle, un dessein général dont il résulte une peinture sensible; car les fugues qui ne peignent rien, & qui n'ont que le but d'étaler la vaine science du Compositeur, & une difficulté vaincue, doivent être entiérement bannies de nos temples & être comparées au travail, difficile à la vérité, de cet enfileur de pois, qui les jettoit de loin contre la pointe d'une aiguille; il a bien pu s'attirer une sorte d'admiration de la part d'Alexandre; mais quelle récompense a-t-il reçue de ce Monarque judicieux? Préparez un boisseau de cette graine, dit-il, à ses gens, & faites-lui en présent.

Si vous avez à composer un morceau énergique; si vous avez à peindre les sentimens qu'inspire l'*Homo factus est* dans la Messe de Noël, ne croyez pas parvenir à votre but en vous contentant de rappeller dans la musique de ce morceau le *plain-chant* connu de l'hymne, qui décrit la naissance du Libérateur, vous n'aurez encore fait que le quart de la besogne; ce plain-chant fixera bien la situation, mais il ne produira que cela. Que faut-il faire maintenant, pour exprimer tous les sentimens qu'inspire cette situation? Il faudra revêtir ce plain-chant de la musique la plus expressive, de l'orchestre le plus énergique, & dont tous les instrumens, chacun par leur langage particulier, puissent former un grouppe mélodieux, harmonique & tellement analogue aux sentimens qu'inspire l'*Homo factus*, qu'il ne soit plus possible de méconnoître l'objet de ce morceau. De-là, on doit entrevoir, par une déduction certaine, la maniere avec laquelle il faut traiter tous les airs sacrés de tradition. Quelquefois cependant, on pourra se permettre de montrer certains traits de ces plain-chants tout nuds & à l'unisson; mais il faudra qu'ils aient alors une expression assez sensible, pour montrer en même-temps la situation, & la peindre.

Mais, dira-t-on, si l'on met à contribution tous les plain-chants du jour, c'est-à-dire, ceux des matines, des laudes, des vêpres, des complies, ils pécheront contre cette nouvelle regle d'*unité*, quoiqu'ils soient employés par ordre de circonstance & de maniere à rappeller une histoire suivie de la fête, parce que, pendant la Messe, on croira être tantôt à *matines*, tantôt aux vêpres, tantôt à laudes, tantôt à complies. — Il seroit égal de dire qu'un Peintre qui, pour composer un paysage parfait, prendroit un site dans un endroit, une vue de fleuve fuyant à travers la forêt dans une autre, un lointain dans une campagne, un rocher dans une autre, pécheroit contre les regles de l'*unité*; parce qu'on verroit dans son tableau des choses qui rappelleroient différens endroits. Cependant, son ouvrage pourroit être parfaitement *un*, & ne peindre que la belle nature. A la bonne heure, dira-t-on encore, mais deux chants très-différens, c'est-à-dire, dont l'un est nouveau, & l'autre rappelle un air connu, autrement un plain-chant, ne sauroient former un parfait *ensemble*, & se détruiront l'un l'autre.

Les personnes qui sont capables de faire des objections aussi absurdes ignorent donc que c'est une des propriétés de la Musique, (que n'a peut-être pas aucun autre art), de faire entendre à-la-fois deux choses différentes, sans qu'elles se détruisent. Ce qui prouve que le son appréciable, autrement la Musique, a cette prérogative dont les autres arts imitateurs ne jouissent point, c'est que vous entendez parfaitement trois instrumens qui ont chacun un langage particulier. L'oreille en saisit toutes les nuances & en même temps. Ecoutez parler deux personnes à-la-fois qui, sur des sons inappréciables, c'est-à-dire, sur le ton de la conversation ordinaire, diront des choses différentes : vous ne distinguerez rien dans leurs paroles. Que ces deux personnes chantent en *duo* bien composé ce qu'ils viennent de dire, vous démêlerez parfaitement sur-le-champ, & non d'une maniere successive ce qu'ils chantent : l'œil n'a point cette prérogative de l'oreille, il ne voit les objets que successivement, quoiqu'avec une grande rapidité ; vous avez beau l'exercer, il ne distinguera parfaitement qu'un point à-la-fois. Fixez le front de quelqu'un, vous ne verrez la bouche qu'imparfaitement; fixez le point du visage qui se trouve entre les deux yeux, vous ne les verrez aussi qu'imparfaitement & comme par réflet. D'ailleurs, il est certain que ce qui nous parvient par l'optique, s'embrasse moins en entier & moins promptement que ce qui nous vient par l'acoustique; l'œil est un sens plus paresseux à cet égard que l'oreille. Nous avons dit tout-à-l'heure qu'il ne distinguoit parfaitement qu'un *point* à-la-fois, & tous les *points* successivement, *quoiqu'avec une grande rapidité*: ajoutons que lorsqu'ils deviennent trop rapides, il ne le distingue plus & les confond dans une seule masse. Faites tourner avec rapidité un tison allumé, il ne saisira qu'un cercle de feu; &, quoique ce feu ne se trouve que successivement dans les divers points du cercle, l'œil abusé le voit par-tout, tant l'œil est lent à se dépêtrer d'une premiere impression! Et c'est ce qui a rendu impraticable le Clavecin oculaire du P. Castel, quoique conçu sur une idée aussi vraie qu'ingénieuse. Mais, direz-vous, mon oreille est paresseuse aussi, car je ne distingue point parfaitement les détails d'un Orchestre en même temps que la partie vocale; & j'aime mieux entendre un Chant seul qu'avec ses accompagnemens. C'est que vous n'êtes point familiarisé avec cet Art. Mais je suis Musicien, direz-vous encore (1);

(1) On remarquera que je ne parle point ici aux Compositeurs & la

la Musique est une langue particuliere qu'il faut non-seulement avoir apprise, mais dont il faut encore connoître tous les accens, toutes les inflexions, & les avoir même entendu répéter souvent. Quelqu'un qui ne sait point la langue italienne, par exemple, l'apprend dans les livres, la sait parfaitement, part pour l'Italie, & est tout étonné de ne point comprendre les Italiens lorsqu'ils lui parlent ; c'est qu'il n'a point été familiarisé préalablement avec l'accent de cette langue, & ne l'a point entendu parler assez souvent par les gens du pays. Ne dites donc point que la Musique de Gluk, par exemple, est mal composée, parce que les accompagnemens, malgré leur poésie, leur clarté, sont trop multipliés & vous empêchent de distinguer parfaitement le chant & les paroles ; parce que sa mesure accelerée ne vous laisse pas le temps de distinguer les différentes parties : vous ressembleriez à ce même François voyageur en Italie, qui, tout gonflé auparavant de ses connoissances dans la langue italienne, est tout surpris de ne point comprendre les plus belles Tirades *du Tasse*, qui lui sont déclamées par un Italien ; sur-le-champ il prend des accommodemens avec son amour-propre, & attribue sa *non-intelligence* ou aux accens trop mul-

Musiciens à talens, qui doivent être plus que persuadés de ce que je cherche à prouver.

tipliés, quoiqu'ils soient très-expressifs, ou au *précipité* de la prononciation de l'italien, quoiqu'elle soit très-posée; il en est de même de toute langue qu'on sait à la vérité, mais qu'on n'est pas accoutumé d'entendre parler. Je dirai alors au François : Familiarisez-vous avec les accens de la langue italienne, & vous, avec ceux de la Musique. Alors, vous, François, vous comprendrez les Tirades du Tasse en les entendant réciter; & vous, Musicien, vous comprendrez les morceaux de Gluk en les entendant chanter.

Pourquoi voudriez-vous séparer le Chant des accompagnemens, pour votre plus grande intelligence? Les Instrumens, par leurs langages mélodieux & distincts, ne servent qu'à donner plus de relief au Chant principal, à le mettre dans une plus grande évidence, comme les personnages du second ordre dans un tableau ne servent qu'à faire ressortir le personnage principal. Otez les figures qui servent *d'accompagnemens* à celle d'Alexandre dans les tableaux qui représentent ses batailles, la figure de ce Monarque qui empruntoit son éclat, pour ainsi dire, de la teinte rembrunie des autres, ne produira plus aucun effet.

Dépouillez une belle colonne corinthienne de ses accompagnemens, de son chapiteau, de ses feuilles d'acanthe, il ne restera plus qu'un fût désagréable & informe. Les accompagnemens sont donc nécessaires & peuvent être distingués tous à-la-fois. Cela posé, il faut donc convenir que les plain-chants connus peuvent servir d'accompagnement à une Musique nouvelle, & former avec elle un parfait *ensemble*.

CHAPITRE IV.

Que le Compositeur, en s'imposant la loi sévere de composer pour chaque solemnité une Musique qui rentre absolument dans les regles de l'unité en toutes ses parties, peut & ne doit pas pour cela tomber dans l'uniformité qu'il se gardera bien de confondre avec la premiere; que l'unité enfin ne doit pas être séparée de la variété.

QUOIQUE tous les morceaux de Musique d'une solemnité doivent se ressentir du ton général que semble devoir inspirer cette Fête, le ton du *Kyrie* ne doit pourtant pas être celui du *Gloria*; le premier en exprimant toujours le premier sens des paroles auxquelles il est adapté, c'est-à-dire, en gardant un caractere pathétique, doit seulement avoir un rapport direct avec le second; c'est-à-dire, que le ton du *Kyrie* doit être à celui du *Gloria* ce qu'est le crépuscule à l'aurore d'un beau jour.

Un Maître de Chapelle se servant du plain-chant connu des antiennes majeures de l'Avent, (qui expriment les desirs des Prophetes sur la naissance du Messie), pour le *Kyrie* de la Messe de Noël,

& revêtant cet air sacré d'une musique expressive & analogue à la situation, aura mis une analogie entre ce morceau & le *Gloria* chanté sur le ton d'une joie douce, au moment de la naissance du Rédempteur.

Comme le cantique *Gloria* se chantera le jour de Pâque, au moment où la musique vient de peindre la Résurrection à la suite des *Kyrie*, il devra emprunter les accens de l'allégresse la plus vive. Ce n'est pas à dire, pour cela, que les *Kyrie* qui précéderont immédiatement cette Résurrection, doivent avoir la même teinte de gaieté : non, ils auront seulement la teinte convenable à des personnes qui disent : *Seigneur, ayez pitié de nous*, avec le ton de l'espoir sur une délivrance qu'ils savent très-prochaine, & non avec le ton triste & abattu qu'elles auroient le vendredi-saint.

Le *Crucifixus* du *Credo*, pour mettre de l'*unité*, ne sera point chanté le jour de Pâque sur le ton du *Resurrexit ;* mais seulement en conservant une teinte rembrunie au premier, on le disposera de maniere qu'il soit comme effacé dans le tableau par le brillant, la lumiere du *Resurrexit :* autrement, si l'on peignoit le *Crucifixus* dans ce jour avec les couleurs qu'on lui donneroit le vendredi-saint, ce seroit mettre dans le tableau de la *Résurrection* la douleur la plus vive, la tristesse la plus abattue à côté de la plus grande joie. Mais, dira-t-on, cela ne feroit qu'un contraste praticable dans la peinture comme dans la musique. Si un Peintre avoit à représenter, par exemple, l'entrée triomphante d'Alexandre dans Babylone, il montreroit dans le même tableau, la sombre tristesse des vaincus, des esclaves, à côté de la joie des vainqueurs, & cela ne produiroit qu'un contraste beau, frappant. — Cela est vrai, mais ce Peintre se garderoit bien de montrer la tristesse de ces esclaves au moment où Alexandre romproit leurs chaînes & les combleroit de ses bienfaits; pourquoi voudriez-vous mettre la tristesse en pleine évidence dans un jour, dans un moment où le Rédempteur délivre les humains & rompt les fers dans lesquels ils gémissoient depuis si long-temps.

Ce n'est pas que le sentiment général d'une gaieté héroïque ne doive être modifié dans ce jour par une infinité d'autres sentimens qui ne tendront qu'à faire ressortir cette allégresse; au contraire, cette modification est nécessaire pour produire des effets. Prenons encore nos exemples dans le profane. Le sentiment général de toutes les tragédies est la tristesse. Le sentiment central de la tragédie d'Iphigénie est la douleur, est la perspective de la mort de cette Princesse. Mais la piece n'en est pas moins semée de situations qui modifient cette douleur; il y a même des momens de joie, tel que celui où Iphigénie arrive de Grece dans l'Aulide. Mais tous ces sentimens accessoires rentrent toujours dans le sentiment général, qui est la tristesse. Le Maître de Chapelle a ces principes généraux à suivre dans l'espece de drame sacré & particulier, qu'il arrangera de maniere à rappeller l'événement que l'Eglise célebre dans une solemnité. Si c'est la fête de Noël, il disposera les traits de l'histoire sainte, qu'il rappellera pendant les paroles de la Messe, les airs de Noël qu'il fera entrer dans le fond des différentes parties du tableau, les plain-chants du jour, l'analogie & les retours de situation, de maniere à former une histoire complette de la naissance du Libérateur; de maniere, dis-je, à présenter à la musique les moyens de faire entendre les différentes modifications d'une joie douce, mêlée de reconnoissance; mais qui rentreront toujours dans ce sentiment général. C'est par la nuance, la disposition bien entendue de ces sentimens accessoires par leurs contrastes, leurs effets entre eux, que l'on pourra parvenir à joindre l'unité à la variété dans la musique de nos temples.

Il y a certaines parties de ce nouveau systême, sur lequel il seroit inutile d'écrire, si les paroles des messes & des pseaumes des différentes fêtes n'étoient pas toujours les mêmes, & si on avoit, pour chaque solemnité, des paroles toutes arrangées par l'Eglise, qui rappelleroient, par ordre de circonstances, le sujet de la fête. Oh! s'il étoit permis au Musicien de composer ces paroles! Dieu! que ne pourroit-il pas faire? quel vaste champ!

quelle mine féconde, où l'on n'auroit point encore fouillé! quels grands sujets! quelle immense carriere, où n'auroit encore entré aucun athlete! enfin, quels effets surprenans & au-dessus de l'humaine imagination!

PLAN

PLAN D'UNE MUSIQUE PARTICULIERE A LA MESSE DU JOUR DE NOEL.

Verbum caro factum est, & habitavit in nobis.

« Le Verbe s'est fait chair, & il a habité parmi nous.

PREMIERE PARTIE.

Circonstances qui précedent la naissance du Rédempteur.

OUVERTURE.

Prophétie sur la naissance du Rédempteur.

ON se proposera, dans le début de l'ouverture de rappeller plusieurs prophéties sur la naissance du

Messie. Pour cela, un trait imposant sera d'abord exécuté par tous les instrumens à cordes & les instrumens à vent, mêlés aux inflexions sombres des trombons, dont les sons ressemblent beaucoup à ceux des trompettes religieuses des anciens Grands-Prêtres, si l'on en croit plusieurs auteurs. Bientôt trois trombons se détacheront du reste de l'orchestre pour faire entendre une annonce imposante à laquelle devra succéder une musique dont l'harmonie grave, sombre, pourra inspirer une certaine horreur sacrée. Dans le fond de cette harmonie, produite par l'orchestre, on devra distinguer une voix qui, dans le bas de son diapason & sur des sons permanens, prononcera les paroles suivantes d'un ton prophétique : *Ecce dies veniunt, dicit Dominus, & suscitabo David germen justum; & regnabit Rex, & sapiens erit, & faciet judicium & justitiam in terra* (1). « Le jour arrive, dit le Seigneur, où je dois faire » germer la semence de David ; je ferai régner un » Roi sage qui amenera sur la terre la justice & la » vérité ». Les trois trombons recommenceront leur annonce, après quoi une autre voix prononcera ces autres paroles, toujours dans le fond du tableau (2) : *Flos de radice Jesse ascendet, & requiescet super eum spiritus sapientiæ.* « Une fleur s'é» levera de la tige de Jessé, & l'esprit de sagesse

(1) Jerem. 23.

(2) Isaï. 11.

» reposera sur elle ». Enfin les trois trombons devront s'unir aux sons éclatans des trompettes pour faire entendre le début d'une marche noble & imposante qui continuera bientôt dans tous les instrumens. Une troisieme voix prononcera les paroles suivantes dans le fond de cette marche : *Ecce mitto Angelum meum & præparabit viam ante faciem meam : & statim veniet ad templum suum dominator : ipse quasi ignis conflans purgabit filios Levi ; & erunt offerentes sacrificia in justitia* (1). « J'enverrai un Ange » précurseur qui préparera le chemin où je dois » passer, & aussi-tôt le dominateur viendra dans » son temple.... Il purifiera les enfans de Lévi, & » les rendra purs comme l'or & l'argent qui a passé » par le feu ; & ils offriront des sacrifices dans la » justice ». On devra disposer la valeur des notes qui rempliront les mesures de cette marche de maniere qu'elles fassent entendre le rhythme du vers hexametre (2).

Vœux des Prophêtes pour la venue du Messie.

Après cette marche succinte, on se proposera d'exprimer les desirs ardens des Prophêtes pour

---

(1) Malach. 3.

(2) On peut imiter ainsi le rhythme du vers hexametre dans une mesure à deux temps :

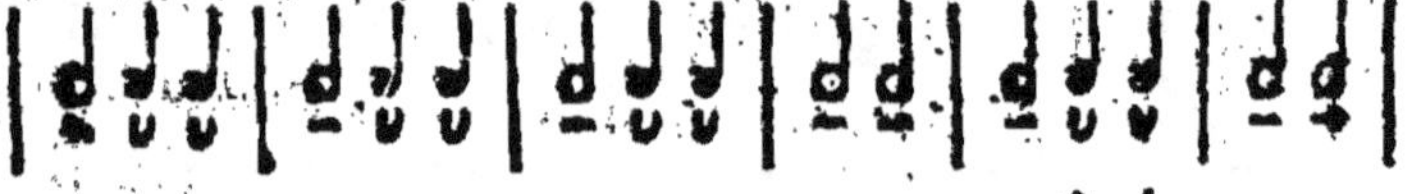

l'arrivée du Messie. Un unisson, qu'on tâchera de rendre imposant par la mesure grave qu'on pourra lui prêter, sera entendre l'air sacré de tradition adapté depuis long-temps par l'Eglise aux paroles avec lesquelles elle exprime les desirs de ces grands personnages, & que le Peuple entend chanter dans nos temples pendant l'avent (1). Un chant de cor s'élevera ensuite sur un orchestre paisible, dont les accens devront être plaintifs & entre-coupés. Les mesures du chant, en même-temps qu'il se propagera par des inflexions douces sur la suite de l'air sacré dont nous venons de parler, devront être remplies par le rhythme du vers pentametre ou élégiaque (2) que les Grecs employoient pour donner

---

(1) Les paroles que cet air rappelle sont tirées du Prophête Isaïe. *Rorate cœli desuper, & nubes pluant justum. Aperiatur terra & germinet Salvatorem, & justitia oriatur simul.*

» Cieux, répandez votre rosée,
» Et que la terre enfante son Sauveur. . . . . RACINE. Athalie.

(2) Dans une mesure à deux temps, on peut rendre de cette maniere le vers élégiaque :

ou bien

aux ſentimens tendres la marche, la progreſſion qui leur convenoient. Bientôt ce chant devra ſe dégrader ſur une muſique plus animée, plus véhémente, & dont tous les traits haletans, ſi l'on peut s'exprimer ainſi, ſeront deſtinés à peindre les vœux ardens & unanimes de tous les Prophêtes ſur la venue du Rédempteur.

Dans la derniere partie de cette Ouverture, on s'efforcera de peindre l'eſpérance de ces mêmes perſonnages par une muſique plus rallentie, plus douce, dont les parties aiguës, ſoutenues d'un accompagnement non compliqué, grave, & qui, par ſon caractere paiſible, devra contraſter avec la muſique précédente, feront entendre le chant de tradition de l'hymne qu'on a entendue aux Vêpres de l'Avent. Les paroles de cette hymne reſpirent le deſir, la confiance, l'eſpoir ſur l'arrivée du libérateur.

Prieres de l'aſſemblée des Prophêtes pour la naiſſance du Meſſie.

Quatre ſons ſourds & iſolés ſeront deſtinés à fixer l'attention des aſſiſtans ſur la priere des Prophêtes qui chanteront :

Seigneur, ayez pitié de nous. *Kyrie, eleiſon.*
Ayez pitié de nous. *Kyrie, eleiſon.*
Ayez pitié de nous. *Kyrie, eleiſon.*

Un chœur général prononcera ces paroles en

faisant entendre distinctement le plain-chant de tradition adapté depuis long-temps par l'Eglise aux antiennes majeures de l'Avent, que ceux qui sont un peu familiers avec les offices de nos temples savent d'autant plus par cœur, qu'ils les entendent tous les jours dans ce temps qui précede la fête de Noël.

Voici les principales paroles de ces antiennes :

O Adonaï (1) *! ô radix Jesse ! veni ad redimendum nos, jam noli tardare* (1). « O Adonaï ! ô précieux enfant de Jessé ! ne tardez plus, venez nous délivrer ». Ce chœur fini, une voix, conservant le même mouvement, devra faire entendre un air touchant & pathétique sur ces mêmes paroles :

AIR.

Kyrie, eleison.	Seigneur, ayez pitié de nous.

alors l'orchestre devra, ainsi que la voix, emprunter toutes les inflexions de la priere la plus ardente (2). Supposé que la mesure soit à deux temps, les seconds violons s'unissant aux sons lourés des bassons, feront entendre, dans leurs sons graves & pendant tout le morceau, des plaintes sourdes par le moyen de trois sons, ou trois noires séparées à quantités égales par plusieurs degrés, mais cependant unies ensemble

---

(1) Judith, 16. Isaï, 11 & 52. Ps. 25 & 39.

(2) On remarquera que j'écris dans ce moment plus pour les éleves qui sont déja musiciens, que pour ceux qui ignorent encore cet art.

par une *liaison*, & renforcées dans le second *son*, qui sera dans un degré plus élevé que les deux autres. Ces trois sons partiront sans cesse après un autre son coupé de la basse, qui frappera le premier demi-temps de chaque mesure, & qui semblera donner le signal à la plainte, qui remplira le reste de chacune de ces mesures. Un autre son, coupé de la *partie* du cor, devra se faire entendre en même temps que celui de la basse dont nous venons de parler. Le premier n'étant alors que l'octave du second, semblera n'être qu'une oscillation agréable de celui-ci, qui pourra concourir à jetter du *mélodieux* sur le morceau, & rendre son langage plus délicieux. Les premiers *violons* & les *alto* devront tenir l'harmonie, en se *tenant* souvent sur les mêmes cordes, quoique chacun sur des sons différens. La clarinette, dont les sons sont touchans & sensibles, devra faire entendre un chant agréable qui se mêlera mélodieusement avec la partie vocale sans s'élever dans des cordes au-dessus d'elle. Par ce moyen, toutes ces *parties* auront chacune leur rhythme particulier, éviteront la confusion, & mettront de la clarté dans leurs *rôles* ou leurs langages, qui, quoique différens, pourront concourir à former un morceau qui soit *un* en même temps qu'il sera tendre & énergique; de maniere que la partie vocale, voulant emprunter un langage élevé, semblera appeller tous les instrumens à son secours pour renforcer son expression, ou plutôt pour dire ce qu'elle ne peut plus exprimer (1). Ce chant étant terminé sur un *ton* auxiliaire, autrement sur la dominante, qui provoque alors au *ton* principal, on devra faire rentrer le chœur précédent, où l'on entendra non-seulement le plain-chant dont nous avons parlé, mais aussi prononcer les paroles *ô Adonai! ô radix Jesse! veni ad redimendum nos*, & sur ce chœur, la même voix recommencera, au bout de quelques mesures, son air *Kyrie, eleison.*

Si on veut donner au *Christe* le caractere d'une priere mêlée d'espérance, on le composera sur la partie de l'ouverture qui a réveillé l'idée de l'hymne de l'Avent.

DUO ET CHŒUR.

Christe, eleison.	Christ, ayez pitié de nous.
Christe, eleison.	Ayez pitié de nous.
Christe, eleison.	Ayez pitié de nous.

Enfin, pour donner le dernier coup de pinceau à l'imitation de la priere ardente & animée des Prophêtes, & exprimer avec énergie l'impatience de toute la nature sur l'arrivée du Messie, on disposera son dessein de maniere que la partie de l'ouverture qui a déja peint dans un *allegro agitato* les vœux ardens & unanimes de tous les Prophêtes, soit le fond sur lequel sera établi le chœur suivant :

---

(1) On pourroit dire ici, en passant, que les instrumens qui accompagnent le chanteur sont comme les organes de toutes les différentes facultés de son ame.

Seigneur, ayez pitié de nous. *Kyrie, eleison.*
Ayez pitié de nous, *Kyrie, eleison.*
Ayez pitié de nous, *Kyrie, eleison.*

NAISSANCE DU MESSIE.

Prélude du Gloria in excelsis.

Apparition des Envoyés du Très-Haut aux Bergers des environs de Bethléem.

On tâchera, dans le prélude du *Gloria in excelsis*, de faire naître d'abord l'idée du calme de la nuit pendant laquelle les Bergers étoient occupés à la garde de leurs troupeaux dans les environs de *Bethléem* (1). Pour cela, on s'efforcera de répandre de l'orchestre un calme, une fraîcheur semblable à celle de la nuit, par une musique paisible, & où le mouvement ne se fera que foiblement sentir. Si la mesure est à deux temps, elle devra être *adagio*. Les seconds violons & les *alto* devront faire entendre, dans le grave de leur diapason, & toujours sur le même son, un motif doux, ténébreux en même temps, & simultané par des doubles croches lourées sur le même degré, tandis que les basses & les premiers violons feront entendre entre eux un unisson doux par des notes longues & liées ensemble, qui partiront du haut du diapason pour aller finir

---

(1) *Pastores erant vigilantes, & custodientes vigilias noctis super gregem suum.* Luc 2, ant. laud. in nat. Dom.

insensiblement chacune de leurs phrases sur une note grave. Du moins si l'art ne rend point précisément les ténebres & le calme de la nuit, il pourra réveiller dans l'ame des auditeurs les mouvemens qu'ils auront éprouvés à la contemplation d'une nuit ténébreuse & tranquille. On s'efforcera ensuite de peindre cette lumiere vive qui sembloit être celle qui brille autour du trône de l'Eternel, & qui, perçant tout-à-coup les ténebres de la nuit, jetta la frayeur parmi les Bergers (1).

Sur la fin du tableau précédent, la musique prendra subitement un mouvement plus rapide; la moitié des instrumens aigus qui se taisoient pendant la symphonie destinée à peindre le calme de la nuit s'uniront tout-à-coup avec les autres pour faire entendre, sur un fond d'orchestre ténébreux, un grand nombre de traits brillans passés avec rapidité, & entrecoupés de silences.

Dans la période qui succédera à celle-ci, tous les instrumens feront entendre unanimement des sons prolongés, soutenus, enflés, & dont la tranquille progression se fera du grave à l'aigu de maniere à remplir les oreilles d'une harmonie pleine & sonore. Cette derniere période, où il aura déja paru par intervalle quelques traits rapides, inattendus & propres à donner l'idée de la surprise,

---

(1) *Claritas Dei circumfulsit illos, & timuerunt timore magno.* Luc 2, ant. laud. in nat. Dom.

se dégradera enfin sur un désordre total dans l'orchestre. De cette maniere on se sera proposé de peindre les jets de lumiere qui partent avec rapidité du firmament, éclairent l'horison des Bergers, & portent dans leur ame la plus grande terreur.

Annonce de la naissance du Messie aux Bergers des environs de Bethléem par les Envoyés du Très-Haut.

Une mélodie douce & suave devra bientôt rassurer les Bergers, ramener le calme parmi eux, & peindre la harangue de l'Ange (1) qui, à ce moment, leur dit : « Ne craignez rien; je vous annonce, de la » part du Très-Haut, une nouvelle qui va porter » la plus grande joie parmi tous les peuples de la » terre : le desiré de toutes les nations, le Messie » vient de naître ».

Pour cela, on devra faire entendre, par l'organe d'une clarinette, un chant agréable & paisible, composé sur un fond qui rappellera un *Noël*.

Hymne des Envoyés du Très-Haut, immédiatement après leur annonce aux Bergers.

Ce prélude fini, un récitatif, très-prononcé &

(1) *Angelus Domini stetit juxta illos, & dixit illis; Nolite timere. Ecce evangeliso vobis gaudium magnum, quod erit omni populo : quia natus est vobis hodie Salvator.* Luc 2, ant. laud. in nat. Dom.

censé dans la bouche de ce même Envoyé du ciel, fera entendre ces paroles : *Gloria in excelsis Deo....* « Gloire à Dieu au plus haut des cieux ». On y fera succéder quelques mesures de la symphonie qui a été destinée à peindre l'annonce de l'Ange, après quoi un grand nombre de voix puériles se faisant entendre unanimement, pourront donner l'image de la réunion de la milice céleste (1), qui répete en chœur, avec le premier Ange, le cantique....

Gloria in excelsis Deo, & in terra pax hominibus bonæ voluntatis.	Gloire à Dieu au plus haut des cieux, & sur la terre, paix aux hommes de bonne volonté.

Je pense que la musique adaptée au *Gloria in excelsis Deo* doit être très-différente de celle qu'on destinera à exprimer l'*Et in terra pax hominibus bonæ voluntatis.* La première, je crois, doit emprunter une mesure & un rhythme propres à peindre la joie, des inflexions semblables à une déclamation expressive qui rendroit ce sentiment, des accompagnemens sémillans, riches, éclatans, de maniere à former une masse musicale qui soit tranchante, étincelante, &c., au lieu que la seconde doit, ce me semble, emprunter une mesure plus rallentie, un rhythme plus retenu, un chant plus doux, des accompagnemens moins brillans, moins pétillans, mais plus mélodieux, plus suaves encore que les premiers,

(1) *Facta est cum Angelo multitudo militiæ cœlestis laudantium Deum, gloria in altissimis Deo, & in terra pax, &c.* Luc 2.

afin que cette partie du cantique ſoit propre à inſpirer la confiance, la paix, & qu'elle puiſſe donner l'idée du bonheur que le Meſſie amene avec lui ſur la terre.

Diſparition des Envoyés du Très-Haut.

Les dernieres phraſes muſicales de cette partie du cantique,

Paix ſur la terre aux hommes de bonne volonté.	*Et in terra pax hominibus bonæ voluntatis.*

devront donner l'idée de la diſparition de la milice céleſte, qui laiſſe d'abord les Bergers dans un tel étonnement, dans une telle joie, qu'on ne peut deviner les différens mouvemens qui s'entrechoquent dans leur ame que par le ſilence admiratif qu'ils gardent tous alors. Pour cela, les dernieres phraſes de ce cantique devront ſe faire entendre tellement en décroiſſant, que les meſures qui termineront puiſſent reſſembler à une muſique entendue dans un grand éloignement. A ce morceau ſuccéderont quelques meſures d'une ſymphonie très-douce, & chaque membre de ces meſures devra être ſéparé par de longs ſilences, propres à réveiller l'attention des auditeurs par l'eſpece de ſurpriſe que ces abſtractions ſymmétriques du moindre ſon leur donneront.

Joie des Bergers ſur la naiſſance du Meſſie.

Les Bergers, un peu revenus de leur ſurpriſe, marquent leur joie en chantant,

CHŒUR.

Laudamus te, benedicimus te.	Grand Dieu, nous vous louons, nous vous bénissons.

Le motif de ce chœur, pour exprimer la vive allégresse que ces personnages ressentent alors, devra être tranchant, précipité ; la mesure devra être *allegro*, tandis que toutes les phrases, pour être cadancées à des temps égaux, devront non-seulement tomber par mesures paires, comme dans tous morceaux de musique bien nombrés, mais encore avoir chacune un repos symmétrique, quoique insensible, qui se fera sentir de deux mesures en deux mesures, pour donner à ce morceau la marche gaie que les sentimens qui l'inspirent doivent avoir.

Délibération des Bergers.

On fera entendre une symphonie dans laquelle on s'efforcera de donner l'idée d'une délibération quelconque que les auditeurs rapporteront facilement à la situation actuelle. Pour cela, tous les instrumens se faisant entendre dans le plus grave de leur diapason, prendront chacun un rythme & un chant particulier l'un après l'autre, en se réunissant rarement. Seulement les instrumens les plus graves, tels que les basses & *alto*, se feront entendre ensemble pour soutenir l'harmonie, & l'espece de conversation des instrumens qui devra être l'imitation, ou plutôt la pantomime de celle des

Bergers lorſqu'ils ſe diſoient entre eux : « Dirigeons » nos pas vers *Bethléem :* allons porter nos hom- » mages à ce divin libérateur que le Très-haut nous envoie (1).

Marche des Bergers vers Bethléem.

L'orcheſtre devra d'abord faire entendre une muſique qui aura le caractere d'une *marche* gaie & religieuſe en même temps, pour être analogue aux ſentimens dont les Bergers ſont pénétrés en s'acheminant vers *Bethléem.* Ce morceau devra faire entrer dans les meſures, par l'arrangement de la valeur de ſes notes, le rhythme (2) du vers ſaphique que les Grecs employerent dans leur culte pour donner aux ſentimens religieux l'*allure*, ſi l'on peut s'exprimer ainſi, qu'ils devoient avoir.

Bientôt les Bergers reprendront ſur cette *marche* leur chœur gai (3).

Grand Dieu, nous vous louons, nous vous béniſſons.	*Laudamus te, benedicimus te.*

On devra alors diſtinguer dans le fond de ce

---

(1) *Paſtores loquebantur ad invicem : tranſeamus uſque Bethleem, & videamus hoc Verbum quod factum eſt, quod Dominus oſtendit nobis.* Luc 2.

(2) Dans une meſure à deux temps on peut imiter ainſi le rhythme du vers ſaphique :

– u | – – | – u u | – u | – –

(3) *Venerunt Paſtores feſtinantes.* Luc 2.

chœur, qui conſervera cependant toujours ſon premier motif & ſes mêmes accompagnemens, une nouvelle partie faite par les inſtrumens qui tiennent le milieu dans l'harmonie, c'eſt-à-dire, par les *alto*, *baſſons* & *cors*. Cette nouvelle partie devra alors faire entendre, d'une maniere très-prononcée, le Noël : *Où s'en vont ces gais Bergers ?* Cet air intermédiaire devra toujours, après chaque épiſode, rentrer en même temps que le motif principal, de maniere à fixer abſolument l'attention des auditeurs ſur la ſituation actuelle.

Adoration des Bergers entrés dans l'étable où venoit de naître le Meſſie.

Les Bergers arrivés au lieu où le Libérateur venoit de naître, voyant Marie, Joſeph, & reconnoiſſant (1) tout ce qui leur avoit été annoncé ſur cet Enfant-Dieu, né dans une étable avec les livrées de l'indigence, chantent, en ſe proſternant à ſes pieds :

Adoramus, adoramus te, glorificamus te.	Grand Dieu, nous vous adorons, nous vous glorifions.

Pour rendre le nouvel étonnement, l'admiration dont ils ſont frappés, la muſique de ce morceau devra être douce, preſque effacée, emprunter des

(1) *Invenerunt Mariam, & Joſeph, & infantem poſitum in præſepio : videntes autem, cognoverunt de Verbo quod dictum erat illis de puero.* Luc 2.

notes

notes longues, soutenues, & se faire entendre sur des sons graves, éteints, pour ainsi dire, de maniere à produire l'effet qu'on en attendra, étant placées immédiatement après une musique forte, pleine, & composée de notes multipliées. Bientôt toute la troupe se livre de nouveau à toute son allégresse, & termine ce chœur par la reprise du premier chœur.

Nous vous louons, nous vous louons, nous vous bénissons.	*Laudamus, laudamus te, benedicimus te.*

Action de graces des Bergers restés près de la Creche.

AIR (d'un Berger qui, au nom de la troupe, entonne un cantique d'action de graces qu'il adresse au Pere Eternel).

Pere tout puissant, souverain de l'Univers, nous vous rendons graces pour votre gloire que vous daignez nous manifester.	*Gratias agimus tibi, propter magnam gloriam tuam, Domine Deus, Rex cælestis, Deus Pater omnipotens.*

Toutes les fois que le *Propter magnam gloriam tuam* sera entendu dans ce morceau, il devra être revêtu du chant qui a déja peint cette harangue de l'Ange : *Evangeliso vobis gaudium magnum quod erit omni populo; quia natus est vobis hodie Salvator.* « Je vous annonce, de la part du Très-Haut, une » nouvelle qui va porter la plus grande joie parmi

» tous les peuples de la terre; le desiré de toutes » les nations, le Messie vient de naître ». Ce chant devra avoir aussi le même fond d'orchestre que celui qui a peint cette harangue, c'est-à-dire, qu'il fera entendre un *Noël* dans les basses; de sorte que la partie vocale semblera dire: « Être éternel, nous te » rendons graces pour la nouvelle que tu nous a » fait annoncer, pour cette gloire publiée de ta part » par ces intelligences suprêmes qui entourent ton » trône redoutable, pour cette gloire enfin dont » nous voyons ici la preuve ».

Ce morceau sera terminé par la reprise d'une partie du chœur *Laudamus te*, &c.

Priere des Bergers, adressée au Libérateur dans son berceau.

La troupe devra faire entendre sa touchante supplication par l'entremise de deux Bergers qui chanteront:

DUO.

Domine fili unigenite, Jesu Christe; Domine Deus, Agnus Dei, qui tollis peccata mundi, miserere nobis.	Seigneur Dieu, fils unique, Agneau de Dieu, qui venez pour effacer les péchés des hommes, ayez pitié de nous.
Qui tollis peccata mundi, suscipe deprecationem nostram; qui sedes ad dexteram Patris, miserere nobis.	Vous qui êtes assis à la droite du Pere, recevez favorablement notre priere, ayez pitié de nous.

On tâchera de donner ici à la musique le ton supplicatoire, par une teinte rembrunie jettée sur ce coin du tableau général. Lorſque notre ame éprouve des ſenſations de gaieté, notre démarche eſt gaie, accélérée, vive; ſi nous ſommes, au contraire, affectés de quelques ſentimens touchans & approchant de la triſteſſe, notre démarche eſt lente, & approche de celle de la mélancolie. D'après cette obſervation, on demandera aux *Lacépede*, aux *Goſſet*, aux *Philidor*, & à tous les maîtres de l'art, &c. s'il eſt juſte de donner en ce moment aux parties vocales & à l'orcheſtre une marche lente & un peu abattue, un rhythme tranquille & preſque dénué d'aucun mouvement. On leur demandera ſi on peut même, pour imprimer encore davantage dans ce morceau le cachet de la ſupplication, ſi on peut, dis-je, y introduire une trombe lamentable qui fera entendre par intervalle le plain-chant de tradition d'un endroit de l'office du jour, qui rappelle des paroles ſupplicatoires. C'eſt à eux d'éclairer les jeunes éleves ſur le bon ou le mauvais effet qu'aura pu produire cette partie intermédiaire.

Cantique de louange de la part des Bergers entiérement revenus de leur ſurpriſe, qui ſe joignent à Joſeph & aux autres témoins de la naiſſance du Meſſie, pour faire entendre toute l'exploſion de leur admiration & de leur reconnoiſſance.

Les mêmes perſonnages, à qui les expreſſions

reviennent, chantent, d'une maniere bien prononcée & fortement articulée, ces paroles, qui sont toujours en duo,

Quoniam tu solus Sanctus, tu solus Dominus, tu solus Altissimus, Jesu Christe.	Oui, divin Libérateur, vous êtes le seul Saint, le seul Seigneur, le seul Très-Haut.

On devra ici composer la musique d'après l'observation que nous venons de faire il y a un instant; on devra la rendre plus gaie que le morceau précédent, & conséquemment la faire changer de mouvement; &, pour donner à ce morceau le ton pastoral, le ton convenable à la solemnité, on se servira d'un nouveau *Noël* qu'on introduira dans le fond de l'orchestre. On le disposera de maniere qu'il ne soit ici à la musique que ce qu'est à un tableau la toile sur laquelle il est composé (1).

(1) Tous les *Noëls* qui paroîtront dans cette Messe devront se trouver ainsi dans le fond du tableau, seulement dans les *parties* graves de l'orchestre, & non dans le premier plan, c'est-à-dire, dans les parties supérieures, & non dans les parties vocales, soit aiguës ou graves; de sorte que ces airs surannés, ne faisant jamais partie principale, & n'étant au contraire que l'accompagnement d'une musique nouvelle, serviront seulement à fixer la situation dans certains endroits, & non à former une Messe en Noël, ce qu'on devra s'interdire, non à former des morceaux dont le chant seroit ancien & les accompagnemens nouveaux, ce qui donneroit lieu aux assistans d'être distraits du culte par la trop grande évidence de ces airs, au lieu que, dans la maniere que j'indique, ils ne les entendront qu'insensiblement, pour ainsi dire, & que pour se porter à la considération de l'événement que le compositeur s'efforcera de peindre.

Enfin toute la troupe ſe réunira pour faire entendre le chœur général.

Quoniam tu ſolus Sanctus, tu ſolus Dominus, tu ſolus Altiſſimus Jeſu Chriſte, cum Sancto Spiritu in gloria Dei Patris. Amen.

Grand Dieu, tu es le ſeul Saint, le ſeul Seigneur, le ſeul Trés-Haut, ainſi que le Saint-Eſprit dans la gloire du Pere. Ainſi ſoit-il.

En même temps que ce morceau aura le même motif, & contiendra le même *Noël* que l'*allegro* du duo précédent, on y fera concourir, comme dans le fond d'un tableau, un nouveau motif gai & paſtoral, adapté ſur les paroles ſuivantes, qui ſeront dans la bouche des parties les plus graves: *Redemptionem miſit populo ſuo, mandavit in æternum teſtamentum ſuum.* « Enfin le Tout-Puiſſant a envoyé » la délivrance à tous les peuples de la terre, & a » ſcellé ſon alliance éternelle avec eux ».

SECONDE PARTIE.

(1) *Profession de Foi des Fideles, établie sur la naissance du Rédempteur.*

IL faut se rappeller ici les paroles mêmes du Libérateur, lorsqu'il a dit : *Ego lux in mundum veni, ut omnis qui credit in me, in tenebris non maneat* (2). « Je suis descendu des cieux sur la » terre, où j'ai apporté la lumiere aux hommes, » afin que ceux d'entre eux qui croiront en moi ne » restent point dans les ténebres ». En conséquence les Chrétiens font aujourd'hui leur profession de foi d'après la considération de toutes les circonstances qui ont précédé, accompagné, suivi la venue du Messie, & qui ont été rappellées dans la premiere Partie.

L'orchestre fera entendre trois ritournelles séparées entre elles par les parties vocales. La premiere fera entendre la même musique qui a été destinée à exprimer dans la premiere partie la harangue de l'Ange : *Nolite timere..... natus est vobis hodie Salvator.* « Ne craignez rien aujourd'hui, il est né

(1) Il y a une faute d'impression dans le plan de Pâque. Au lieu de Profession de foi sur la Résurrection, *lisez* Profession de foi établie sur la Résurrection.

(2) Joan. 12.

» pour vous un Sauveur ». La seconde sera entendre la même musique qui a été adaptée sur la premiere partie du cantique des Anges : *Gloria in excelsis Deo.* « Gloire à Dieu au plus haut des cieux ». La troisieme rappellera la seconde partie de ce cantique : *Et in terra pax hominibus bonæ voluntatis.* « Sur la terre paix aux hommes de bonne volonté ». Un chœur ferme & prononcé répondra à chacune de ces ritournelles :

Je le crois.	*Credo.*

Le second *Credo* sera entendu plus fortement & sur un ton plus élevé que le premier, & le troisieme sur un ton plus élevé que le second, pour marquer de plus en plus la fermeté des croyans. Le chœur devra continuer de chanter :

Je crois en Dieu le Pere tout-puissant, qui a créé le ciel & la terre, toutes les choses visibles & invisibles.	*Credo in Deum Patrem omnipotentem, factorem cœli & terræ, visibilium omnium & invisibilium.*

On tâchera de préparer une musique dont le motif, large & fortement prononcé, puisse donner l'idée de la toute-puissance du Pere, & du grand, du magnifique ouvrage de sa création. Pour cela, on empruntera une teinte forte & vigoureuse, en faisant monter majestueusement & d'une maniere foudroyante l'orchestre & toutes les voix jusqu'à leur plus haut diapason lorsqu'on entend ces paroles, *Factorem cœli*, & en les abaissant insensiblement sur *& terræ*, en employant un *crescendo* imposant qui parviendra à son plus grand degré de force sur *visibilium omnium*, & en empruntant un *smorzato* & des sons presque éteints sur *invisibilium*. Pour ne point laisser oublier l'objet de la fête, on aura soin, dans le courant du morceau, de rappeller le plain-chant de tradition du premier verset de la prose du jour. Ce plain-chant seul, comme un air connu joué sur un instrument, réveille tout de suite le souvenir des paroles qui disent: *Votis Pater annuit, justum pluunt sidera.* « L'Eternel, dont nous » reconnoissons la toute-puissance, s'est ressouvenu » de son antique promesse; il comble aujourd'hui » tous nos vœux..... Le juste descend des régions » éthérées ».

Une voix seule chante:

Et in unum Dominum Jesum Christum filium Dei unigenitum, & ex Patre natum ante omnia sæcula: Deum de Deo, Lumen de lumine, Deum verum de Deo vero; genitum non factum consubstantialem Patri, per quem omnia facta sunt.

Credo in unum Deum, &c.

Je crois en un seul Seigneur Jesus fils unique de Dieu, & né du Pere avant tous les siecles; je crois en ce Dieu de Dieu, lumiere de lumiere, vrai Dieu de vrai Dieu, qui n'a pas été fait, mais engendré, qui est consubstantiel au Pere, & par qui toutes choses ont été faites.

On devra donner à ce morceau un caractere doux & une marche noble & majestueuse. Il faudra le disposer de maniere que, sur un fond d'orchestre suave & mélodieux, la partie du *cor* dialogue sans cesse avec la partie chantante, & que les phrases de la ſeconde ſoient toujours engendrées par la premiere, tandis que le *hautbois* & le *baſſon* auront entre eux le même deſſein, & cela pour rappeller, le moins foiblement que l'on pourra, l'idée de la génération éternelle du Fils de Dieu. Afin de fixer toujours l'attention ſur l'objet de la ſolemnité, ſur un libérateur qui, engendré du Pere avant tous les ſiecles, eſt né auſſi d'une Vierge le jour de Noël, pour la rédemption des humains, une partie intermédiaire fera entendre, par des intervalles dans l'orcheſtre, un *Noël* qui ſe mariera avec le dialogue des inſtrumens à vents, & dont les paroles connues décrivent cette naiſſance. Quand les paroles *Per quem omnia facta ſunt* paroîtront dans le milieu de cet air, la muſique changera tout-à-coup de mouvement pour devenir celle qui a été deſtinée à peindre dans le morceau précédent le *Factorem cœli & terræ*, & bientôt reprendre ſon premier caractere pour continuer la marche de l'air.

La derniere ritournelle de cet air, parvenue au moment de finir ſa cadence finale, ne la terminera point, & l'interrompra tout-à-coup pour faire place à un long ſilence qui ſera ſuivi d'un bruit ſourd d'orcheſtre propre à rendre l'étonnement de la nature, à quoi ſuccédera immédiatement le chœur ſuivant :

Je crois en ce Dieu qui eſt deſcendu des cieux pour le ſalut de tous les hommes,

Qui propter nos homines & propter noſtram ſalutem deſcendit de cœlis, & incarnatus eſt

de Spiritu Sancto ex Maria Virgine & homo factus est.	qui, par l'opération du Saint-Esprit, s'est incarné dans le sein de la Vierge Marie, & s'est fait homme.

On tâchera de rendre ce morceau le plus pittoresque possible, parce qu'il doit être la base de toute la musique de Noël. La musique, au *Qui propter*, *&c.* devra prendre une mesure lente, & emprunter quelquefois la marche religieuse des *dactiles*, des *trochées* & du grave *spondée* du vers saphique. Cette premiere portion du chœur devra être accompagnée de sombres trombons qui ne tendront qu'à rembrunir la teinte des parties vocales qui se feront entendre alors à demi-voix, & dans le bas de leur diapason. Ces dernieres pourront, en n'employant que de simples & pures consonnes, former une harmonie sourde, imposante, & propre à peindre le muet étonnement des humains à la vue d'un Dieu qui, pour eux, s'abaisse jusqu'à l'anéantissement. Bientôt cependant une pieuse allégresse doit se faire sentir pendant l'*Incarnatus..... homo factus est*, vu que le peuple est censé se livrer, en ce moment, à une joie religieuse, par la considération de l'Être tout puissant qui vient parmi eux pour être leur libérateur.

Le mouvement alors devra se précipiter tout-à-coup, & le ton principal, dans lequel on étoit resté, entrera précipitamment dans celui de la dominante, en commençant par faire entendre une mesure ou deux ſur la dominante de ce dernier, portant accord de *ſeptieme*. Par ce moyen, on rendra le paſſage de la modulation tranchant & marqué. Les parties vocales entonneront les paroles *Incarnatus*..... *homo factus* d'une maniere forte, très-articulée, & ſur le plain-chant énergique adapté depuis long-temps par l'Egliſe ſur l'hymne des Matines du jour, dont voici les paroles :

Jam deſinant ſuſpiria ;
Audivit ex alto Deus :
Cœli pateſcunt ; en adeſt
Promiſſa pax mortalibus.

« Plus de ſoupirs..... le ciel s'ouvre..... les oracles » ſont accomplis..... la paix eſt donnée à la terre ».

Tandis que les voix, pour mettre de la clarté dans le langage de chacune des parties, feront marcher ce plain-chant par ſpondées, c'eſt-à-dire, par deux blanches ſéparées & ſur des cordes différentes dans chacune des meſures, les inſtrumens auront chacun un rhythme particulier, & dont le concours cependant pourra peindre les différens mouvemens d'une joie unanime. Pendant que les baſſes auront une marche travaillée & remplie de *croches* multipliées, piquées, & qui parcourront rapidement tous les degrés, en ſe détachant entre elles, les *alto* tiendront le milieu, en faiſant entendre d'harmonieuſes doubles cordes ; ils multiplieront leurs notes encore plus que les baſſes, en ſe ſervant des doubles croches rapides ; mais ces notes, dans chaque mesure, resteront sur le même degré. Les violons garderont aussi ces mêmes degrés dans chaque mesure, mais ils marcheront par dactiles précipités, composés d'une noire qui frappe le premier demi-temps fort, d'un silence, & de deux autres noires qui frappent les deux demi-temps foibles. Ce rhythme répondant à cette quantité | – ∪ ∪ | devient alors propre à marquer la joie. Ces dactiles iront par *arpeges* tranchans qui se feront entendre dans le haut du diapason de maniere à être au reste de l'orchestre ce qu'est le toit à un édifice.

Ces trois notes arpégiées, si l'on peut s'exprimer ainsi, répondant à celles du premier demi-temps fort & des deux demi temps foibles des basses, deviendront comme les oscillations des cris de joie qui partiront dans le grave de ce corps d'harmonie.

Pour échauffer encore davantage ce motif général, qui aura été dessiné de cette maniere pendant une vingtaine de mesures, & parvenir à ne plus laisser l'auditeur tranquille, le rhythme des violons pourra passer dans les flûtes, hautbois, clarinettes, cors, trompettes, bassons & tymbales, tandis que les violons & les *alto*, quittant ce rhythme, iront renforcer les basses en se réunissant à elles & s'emparant de leur mêtre ; on aura soin seulement de *double-crocher* alors les notes des violons, tandis que les basses conserveront toujours les simples *croches* détachées ; & si tout l'orchestre s'empare alors d'un *fortissimo* qui aille retentir jusques dans les entrailles mêmes, qu'on voudroit tenir le plus en garde contre son effet, tandis que les voix continueront de faire entendre leur plain-chant noble & majestueux, ce groupe musical ne devra-t-il pas être au moins compté pour l'effort d'un Artiste, ou autrement, ne pourroit-il pas dire, que, même avant de l'avoir entendu, on auroit prémédité de le désavouer ?

Un trait d'orchestre rallenti *pianissimo*, qui devra tenir du morceau précédent & de celui qui va suivre, annoncera le moment de tristesse qui va succéder à cette grande explosion de joie.

Pour rapporter le *Crucifixus* à l'objet de la fête, on disposera les paroles dans la maniere suivante, & on les revêtira d'une musique qui peigne l'agitation d'une douleur causée par la perspective du dénouement douloureux, quoique éloigné, du mystere d'un Dieu fait homme.

Ce Dieu qui, pour nous, est descendu aujourd'hui sur la terre, a été aussi crucifié pour nous. Ce Dieu qui, pour nous délivrer, s'est incarné dans le sein d'une Vierge, a été aussi crucifié sous Ponce Pilate. Enfin ce Dieu qui, pour nous, s'est revêtu de l'humanité est mort & a été enseveli pour nous.	*Qui propter nos homines descendit de cœlis, crucifixus etiam pro nobis. Qui propter nos homines incarnatus est, crucifixus etiam pro nobis sub Pontio Pilato. Qui propter nos homo factus est, passus & sepultus est.*

A la suite de ce récit, on fera une courte peinture du

bouleversement de la nature arrivé à la mort de Jesus-Christ.

Bientôt la musique, après ce moment de consternation, reprendra toute sa gaieté, &, quittant ses notes multipliées & toute l'agitation des *forte piano*, se dégradera sur des sons soutenus & longuement prolongés, qui, en observant une croissance du grave à l'aigu, & du foible au fort, resteront en tenues pendant quelques mesures, quand ils seront arrivés vers le plus haut de leur diapason en même temps qu'ils auront atteint le plus fort de leurs sons progressifs. Cette harmonie ascendante, qu'on devra rendre calme, pure, ainsi qu'elle pourra être, claire & brillante, devra contraster avec l'air agité ténébreux qu'on aura entendu il y a un instant, &, remplissant le temple alors d'une mélodie pleine & lumineuse, pourra réveiller l'idée de cette glorieuse lumiere, de cet éclat majestueux qui partoit du front du Rédempteur au moment de sa résurrection. A ce dernier trait succédera immédiatement un récitatif où la haute-contre prononcera d'une maniere joyeuse, fortement articulée, les paroles suivantes :

Et resurrexit tertiâ die secundum scripturas.	Il est ressuscité comme les saintes écritures l'avoient annoncé.

A quoi le peuple, semblant s'applaudir de ce qu'un Dieu, qui marque ainsi sa toute-puissance, s'abaisse cependant jusqu'à se rendre semblable à lui, répondra, par un chœur *à parte*, *admiratif*, & sur des sons bas & soutenus :

Il s'est fait homme pour nous.	*Homo factus est.*

La même voix reprendra en récitatif :

Et il est monté aux cieux, où il est assis à la droite du Pere.	*Et ascendit in cœlum, sedet ad dexteram Patris.*

A quoi le peuple, éprouvant encore les mêmes sentimens, répond de même, par un chœur admiratif :

Il s'est fait homme pour nous.	*Homo factus est.*

Il s'agit maintenant de donner une courte peinture du Jugement dernier.

Bientôt un désordre total se fera sentir dans tout l'orchestre ; la Musique s'emparera de la mesure à deux temps ; &, tandis que les parties intermédiaires feront entendre, dans le grave de leur diapason, des traits imposans & ténébreux, des doubles croches rapides, multipliées sur des doubles cordes dont il devra sortir des tons sourds & renforcés, les basses foudroyantes devront procéder par des noires qui, en se détachant entre elles, & se suivant rapidement cependant, marcheront avec une noble fierté. Les premiers violons sembleront répondre à chacun des cris sourds de la basse par des *syncopes* dont le mouvement accéléré forcera ses notes aiguës à ſuivre, comme à la piſte, chacune de celles qu'on entend d'abord dans la partie grave dont nous venons de parler. Bientôt ces inſtrumens tomberont tous précipitamment ſur une même note grave dont la modulation devra être la plus éloignée poſſible. Arrivés à cette note terrible, ils y devront reſter pendant pluſieurs meſures, en la multipliant par des doubles croches *fortiſſimo*, &, ſur-le-champ, tous les autres inſtrumens, tels que les tymbales, baſſons, trombons, trompettes, cors, clarinettes, hautbois, devront ſe réunir ſur cette note d'une maniere forte & prononcée, pour peindre à ce moment le déſordre entier de tout l'univers qui ſe détruit. Cette note inattendue & ſimultanée, qui aura, pour ainſi dire, porté les auditeurs dans une région étrangere, & qui ſemblera demander à ſe réſoudre ſur une note conſonante, n'aura cependant aucune progreſſion, & devra terminer ſur ce ton diſſonant & éloigné de maniere à laiſſer les aſſiſtans dans une eſpece d'inquiétude ſur ce qui va ſuivre; enſuite les trompettes ſeules partiront ſur-le-champ pour faire entendre une annonce impoſante, à quoi ſuccédera la partie vocale, qui, dépouillée de tous les inſtrumens, fera entendre en récitatif;

Et iterùm venturus eſt judicare vivos & mortuos.	Il viendra un jour plein de gloire & de majeſté juger les vivans & les morts.

A ces paroles ſuccédera un long ſilence, après quoi

quoi l'orcheſtre agité ne devra faire entendre que des plaintes multipliées, propres à peindre la terreur & les cris de déſeſpoir des malheureux réprouvés, dont la chûte terrible dans les abîmes éternels ſe fera bientôt ſentir par la peinture que feront les inſtrumens, en ſe précipitant tous d'une maniere foudroyante, depuis le plus haut de leur diapaſon juſques dans le plus grave. On fera encore ſuccéder ici le chœur admiratif:

Il s'eſt fait homme pour nous.	*Homo factus eſt.*

& l'on ſuivra même la lithurgie, en rapprochant l'*Homo factus eſt* de l'*Et iterum judicare*, &c. On fixera alors l'attention ſur les deux avénemens de Jéſus-Chriſt, conformément à l'intention de l'égliſe (1).

Toute l'aſſemblée des chrétiens reprenda ici le chœur :

Je le crois, je le crois.	*Credo, credo.*

à quoi devra ſuccéder une muſique ſuave, paiſible,

(1) Effectivement l'Egliſe rappelle ſouvent, dans le temps qui précede immédiatement la fête de Noël, ce qui a été dit du Jugement. Différentes antiennes & pluſieurs répons en font mention, témoin celui-ci, qui ſe chante au troiſieme nocturne du premier Dimanche de l'Avent: *Erunt ſigna in ſole, & lunâ, & ſtellis, & in terris preſſura gentium : tunc videbunt filium hominis venientem in nube cum poteſtate magna & majeſtate. Sol convertetur in tenebras, & luna in ſanguinem, antequam veniat dies Domini magnus & horribilis.* Luc 21. Joël 2.

presque toujours établie sur des accords doux & consonnans, pour être analogue à la vie heureuse & éternelle des justes après le Jugement dernier; & une haute-contre chantera:

Cujus regni non erit finis.	Le regne du fils de l'homme n'aura jamais de fin.

Pour peindre le moins foiblement possible le bonheur, la joie paisible de ce regne éternel, l'air devra être disposé de cette maniere. Les basses, violons & *alto* devront emprunter un motif tranquille, & marcher à l'unisson par des notes qui, sans être multipliées, formeront une espece de murmure mélodieux & continuel en même temps qu'il sera la base de l'harmonie. La clarinette tendre & le basson louré devront, sur ce fond, former entre eux une espece de duo où les notes, moins multipliées que dans les basses, & qui sembleront se demander l'une l'autre, tendront à composer une des parties agréables de ce groupe musical. Au-dessus de tout cela, la partie chantante devra faire entendre le chant le plus délicieux possible, qui se promenera mollement sur les sons doux & harmonieux des autres instrumens, & dialoguera quelquefois avec le duo de clarinette & de bassons, de maniere cependant que les phrases de ces derniers se marient tellement avec celles du premier, que les unes ne finissent jamais qu'après que les autres auront commencé C'est en mettant sans cesse cet heureux enchaînement dans les dialogues, dans la mélodie comme dans l'harmonie, qu'on pourroit peut-être, dans ce morceau, approcher tellement de son objet, qu'il ne faudroit plus qu'être foiblement éclairé, foiblement étayé par quelque génie plus heureux pour voir, atteindre, toucher enfin le but.

DUO.

Je crois au Saint-Esprit; qui vivifie tous les membres de l'Eglise, qui procede du Pere, qui est adoré & glorifié avec le Pere & le Fils, enfin qui a parlé par la bouche des Prophêtes.

Et in Spiritum Sanctum Dominum & vivificantem, qui ex Patre Filioque procedit, qui cùm Patre & Filio simul adoratur & conglorificatur, qui locutus est per Prophetas.

In Spiritum Sanctum, &c.

Si l'orchestre ici, par la douceur de ses sons, par un unisson de tous ses instrumens à cordes, dont la progression sera d'aller tranquillement, paisiblement, pendant tout le morceau, du grave à l'aigu & de l'aigu au grave par degrés conjoints, & par des croches liées, lourées; si cet orchestre, dis-je, en même temps qu'il soutiendra le groupe des *parties* vocales chantées par deux dessus à trois quarts de voix, peut imiter le foible bruit d'un zéphir, d'un souffle léger, on pourra avoir trouvé le style convenable pour caractériser l'esprit paraclet, l'esprit consolateur, &c. Le *Quï locutus est per Prophetas*, qui paroîtra au milieu de ce morceau, sera entendu par l'organe d'un chœur imposant qui fera revivre la musique qui aura été adaptée aux prophéties sur la naissance du *Messie*, & qu'on aura entendue au commencement de cette Messe, & bientôt la musique reprendra son premier caractere pour continuer la marche du *duo*.

Après avoir débité rapidement en récitatif ces paroles,

Et unam sanctam, catholicam, & apostolicam Ecclesiam. Confiteor unum Baptisma in remissionem peccatorum,	Je crois une Eglise sainte, catholique & apostolique. Je confesse un Baptême pour la rémission de nos fautes.

le chœur chantera immédiatement sur la musique des *Credo* du commencement de la profession de foi, & sur des tons fermés,

Confiteor, confiteor.	Je le confesse, je le confesse.

Bientôt l'orchestre, doux & paisible, du *Cujus regni non erit finis*, qui a été destiné à peindre la vie heureuse des siecles futurs, devra reparoître avec une mélodie encore plus délicieuse, en aiguisant, pour ainsi dire, les traits gracieux qui ont déja paru la premiere fois; il en empruntera même de nouveaux qui, en concourant, en se dégradant avec les premiers, tendront à achever cette partie du tableau, & une portion des voix, soutenue par cet orchestre, qui pourra la revêtir d'un agrément délicieux, chantera, sur l'air du *Cujus regni*,

Expecto resurrectionem mortuorum, expecto vitam venturi sæculi.	Nous attendons la résurrection des morts, nous attendons cette vie heureuse dans les cieux, dont le libérateur aujourd'hui ranime l'espoir par sa naissance.

Tandis que les basses chantantes feront entendre, dans le fond, l'air & les paroles d'*Incarnatus est de Spiritu Sancto ex Maria Virgine, & homo factus est*, qu'on a déja entendus dans le milieu du *Credo*.

CHŒUR court & général.

Ainsi soit-il. *Amen.*

TROISIEME PARTIE.

Sentimens des Fideles sur la naissance du Libérateur.

SI-TÔT que le Pontife aura cessé, au sanctuaire, de chanter la *Préface*, l'orchestre, au chœur, semblera faire l'écho des dernieres paroles qu'il vient de dire, en répétant l'air de tradition qu'il vient de chanter, & en observant exactement toutes les syllabes & les quantités de ces paroles, qui sont : *Et ideo cum Angelis & Archangelis*, &c. *Hymnum gloriæ tuæ canimus, sine fine dicentes.* « Nous allons » chanter avec les Anges & les Archanges une » hymne à la gloire du Très-Haut ». Les Fideles entonnent en conséquence l'hymne suivante :

Sanctus, Sanctus, Sanctus, Dominus Deus sabaoth, pleni sunt cœli & terra gloriâ tuâ ; hosanna in excelsis. Benedictus qui venit in nomine Domini ; hosanna in excelsis.	Saint, Saint, Saint, le Seigneur Dieu des armées, le ciel & la terre sont pleins de votre gloire ; louange au plus haut des cieux. Béni soit celui qui est venu aujourd'hui au nom du Seigneur ; gloire, gloire à Dieu au plus haut des cieux.

On fera revivre alors la musique qui, dans la premiere partie de cette Messe, a été adaptée à l'hymne des Anges, *Gloria in excelsis Deo.* Seulement on ôtera quelque chose de la douceur en même temps que du brillant des premiers chants, pour le remplacer par des inflexions plus marquées & analogues au sentiment de la reconnoissance qui doit animer ici les Chrétiens; & quoique l'on n'ait entendu dans la premiere hymne qu'un groupe de voix de dessus, toutes les voix, dans celle-ci, s'uniront aux voix puériles, & concourront à former une masse musicale plus forte, plus rapprochée que la premiere, qu'on aura entendue comme dans une espece de lointain, & qui n'aura été, pour ainsi dire, qu'une musique aérienne.

Motet pour l'Elévation.

La Musique réveillera celle qu'on aura entendue dans la seconde partie, pendant *Propter nos homines descendit de cœlis*, &, sur cette musique, le peuple chantera, dans un chœur religieux & accompagné de trombons:

La justice du haut des cieux a jetté sur la terre un regard favorable.....	*Justitia de cœlo prospexit*...
	RÉCITATIF.
Le Christ est né aujourd'hui pour la rédemption des humains, prosternons-nous devant lui, & adorons-le.	*Christus natus est nobis*.... *Adoremus*.....

Ici tous les assistans s'inclinent, & le chœur reprend son ton religieux pour faire entendre

Hostie de salut, qui nous ouvrez les portes du ciel, délivrez-nous de nos ennemis, & apportez-nous un prompt secours.	*O salutaris hostia,* *Quæ cœli pandis ostium,* *Bella premunt hostilia,* *Da robur, fer auxilium.*

Quelque chose de la teinte qui a paru dans l'expression des soupirs des Prophêtes après la venue du Messie reparoîtra dans ce moment.

Agnus Dei.

Comme il existe une précieuse analogie entre le sens d'*Agnus Dei* & les endroits de la premiere partie de cette Messe qui y sont relatifs, on s'astreindra à faire entrer dans le câdre de ce morceau les principaux traits de la musique qui auront peint dans le courant du *Gloria in excelsis* la supplication des Bergers près de la creche, &, sur cet orchestre, le peuple chantera :

Agnus Dei, qui tollis peccata mundi, miserere nobis.	Agneau de Dieu, qui effacez les péchés des hommes, ayez pitié de nous.

Enfin la musique fera revivre dans le fond de ce coin du tableau celle qui, dans la premiere partie, a dû peindre dans l'hymne des Anges la paix qu'ils ont promise à la terre par ces paroles : *Et in terra pax hominibus bonæ voluntatis*, &, sur ce fond, le premier plan musical fera entendre le chœur suivant :

Agnus Dei, qui tollis peccata mundi, dona nobis pacem.	Agneau de Dieu, qui effacez les crimes des hommes, donnez-nous cette précieuse paix promise par vos célestes Envoyés.

DOMINE SALVUM.

Motet pour le Roi.

On pourra choisir les paroles suivantes, qui auront un même rapport à la fête, pour leur faire précéder le *Domine salvum*, &c.

DUO.

Grand Dieu, toi qui as pris naissance aujourd'hui pour la rédemption des humains, sauve notre Monarque, exauce notre ardente priere dans ce jour où nous t'invoquons.

Qui natus es nobis, Domine, salvum fac Regem, & exaudi nos in die quâ invocaverimus te.

CHŒUR GÉNÉRAL.

Oui, sauve notre Monarque, exauce-nous dans ce jour où nous t'invoquons.

Domine salvum fac Regem, & exaudi nos in die quâ invocaverimus te.

Ce chœur doit être disposé de la maniere suivante. Après que la musique aura mis dans une entiere évidence ces dernieres paroles, l'orchestre fera entendre la musique du *Dona pacem* (Donnez la paix promise par les intelligences éternelles), qu'on a entendu dans l'*Agnus Dei*, & les voix, alternativement, prieront le Très-Haut d'accorder au Monarque cette paix peinte par l'orchestre.

Derniere partie du Domine salvum.

Ritournelle qui peindra le Dona pacem.

CHŒUR.

Exaucez-nous.

Exaudi.

Même ritournelle.

CHŒUR.

Exaudi nos in die.

Exauce-nous en ce jour.

Ritournelle mêlée avec les voix qui chantent,

Exaudi, exaudi.

Exauce-nous, exauce-nous.

Nota. Quoique les *Kyrie*, le *Gloria*, le *Credo*, le *Sanctus*, l'*O salutaris hostia*, l'*Agnus*, le *Domine* soient les seules & mêmes paroles mises en musique dans les Messes de toutes les fêtes, on pourra rendre cette musique *une*, par la chaîne de rapport entre les trois portions ou trois parties qui composeront la masse musicale d'une Messe, & entre les morceaux particuliers qui concourront à former chacune de ces parties. On pourra la rendre *imitative* par la peinture des sentimens & de l'événement que l'on fera entrer dans une Messe. On pourra la rendre propre à une solemnité par cet événement particulier & ses accessoires, qu'on se proposera de retracer dans cette solemnité, conformément à l'intention du culte. C'est ce qui va former la péroraison du plan de la musique de Noël.

On a pu remarquer que la masse musicale étoit séparée en trois parties. Voyons d'abord si la chaîne de rapport se trouve entre les deux premieres; découvrons le fil qui les tient.

La musique qui, dans la premiere partie, c'est-à-dire, dans le prélude du *Gloria*, peint la harangue de l'Ange aux Bergers : *Ecce evangeliso vobis gaudium magnum, quod erit omni populo; quia natus est vobis hodie Salvator.* « Je vous an» nonce une nouvelle qui sera pour tous les peuples » de la terre le sujet de la plus vive allégresse »; cette musique, dis-je, reparoît avec une nouvelle lumiere (du moins telle a été l'intention) dans la seconde partie, c'est-à-dire, au commencement de la profession de foi, à quoi les Fideles répondent ensuite : *Credo.* « Je le crois ». On a tâché que les traits qui, dans ce même prélude, peignent l'hymne des Anges, qui continue de jetter les Bergers dans l'admiration, se montrassent aussi avec un nouvel éclat après ce premier *Credo*, & le peuple répond une seconde fois, & avec fermeté : *Credo, credo.*

La musique qui, dans la premiere partie, est adaptée aux paroles des Prophêtes sur la naissance du Messie, vient concourir, quoique dans le fond du tableau, avec celle qui, dans la seconde partie, est adaptée à ces paroles : *Credo in Spiritum Sanctum, qui locutus est per Prophetas.* « Je crois au Saint-» Esprit, qui a parlé par les Prophêtes ». Avec ces moyens, & beaucoup d'autres qu'il est inutile de détailler, la premiere partie tient donc évidemment avec la seconde.

Voyons si la seconde tient avec la troisieme.

On a tâché que la musique sombre & religieuse qui, dans la seconde partie, se trouve sur ces paroles : *Propter nos descendit de cœlis.* « Il est des-» cendu pour nous des cieux », reparût dans le tableau avec un effet encore plus propre à inspirer une certaine horreur sacrée, lorsqu'on chante dans la troisieme partie, au moment qui précede immédiatement l'élévation, ces paroles religieuses : *Justitia de cœlo prospexit..... Christus natus est nobis ..... adoremus.* « La justice du haut des cieux » a jetté sur la terre un regard favorable ..... le » Christ est né aujourd'hui pour la rédemption des » humains ..... prosternons-nous & adorons-le ». La seconde partie, par ce moyen, & d'autres que nous ne détaillerons point non plus, est donc évidemment liée avec la troisieme.

Voyons ensuite si la troisieme tient à la premiere. La musique que l'on entend dans la troisieme partie, à l'hymne *Sanctus*, *&c.*, devant être chantée sur le ton des envoyés du Très-haut, d'après l'invitation qu'en fait le Pontife, en prononçant les dernieres paroles de la préface, *cum Angelis canimus;* cette musique, dis-je, a paru en partie dans l'hymne *Gloria in excelsis*, chantée par les envoyés célestes. On peut remarquer que dans les soupirs des Chrétiens pour être délivrés de leurs ennemis, lors de ces paroles, *Bella premunt hostilia*, *Da robur*, *fer auxilium*, qui se trouvent dans la troisieme partie, il y reparoît quelques traits qui ont été destinés, dans la premiére, à exprimer les desirs des Prophêtes pour l'arrivée du Libérateur. La musique, qui prend l'accent de la priere, lors de l'*Agnus Dei*, *&c.* chanté par les Chrétiens dans la troisieme partie, prend en même-temps le motif accessoire & la teinte de la priere qui a été mise dans la bouche des Pasteurs de *Bethléem* lors de l'*Agnus Dei qui tollis peccata mundi*, *miserere nobis*, *suscipe deprecationem nostram*, qu'on a entendu dans la premiere partie, c'est-à-dire, dans le *Gloria.* Enfin la musique adaptée à l'*Agnus Dei* & au *Dona nobis pacem*, dans la troisieme partie, rappelle entiérement celle qui a peint cette paix promise par les Anges, en ces termes, dans la premiere partie: *Et in terra pax hominibus bonæ voluntatis.*

La premiere partie tient donc, comme on le voit, avec la seconde, la seconde avec la troisieme, & la troisieme avec la seconde & la premiere.

Voyons s'il y a cette chaîne de rapports entre les morceaux particuliers qui rempliſſent les trois grandes portions, c'eſt-à-dire, les trois parties de la maſſe muſicale.

Les traits principaux, qui ont peint dans l'ouverture l'eſpérance des Prophêtes, reparoiſſent avec de nouveaux moyens dans le duo *Christe, eleiſon* que le Muſicien met dans leur bouche, & dont l'objet, dans ce moment, eſt de donner l'idée de leur eſpoir. La troiſieme partie de l'ouverture, deſtinée à peindre les vœux impatiens des Prophêtes, forme entiérement le fond du troiſieme *Kyrie*, où les mêmes perſonnages en chœur demandent avec inſtance au ciel la venue du Meſſie ; de ſorte que l'*allegro* de l'ouverture n'a donné qu'une idée avant-couriere, pour ainſi dire, de cette priere ardente & animée.

La muſique deſtinée à peindre l'annonce de l'Ange aux Bergers ſur la naiſſance du Meſſie, & dans le fond de laquelle ſe fait ſentir un *Noël*, dont les paroles connues rappellent cet événement, montre encore quelques éclats dans le récitatif qui ſuit, & dont les paroles, *Gloria in excelſis Deo*, préparent l'hymne générale du chœur des envoyés céleſtes. Cette muſique reparoît entiérement dans le fond de cette période, où un Berger chante : *Gratias agimus tibi, propter magnam gloriam.* « Grand Dieu, nous » te rendons graces à cauſe de cette grande gloire ». Une partie du chœur *Laudamus*, cenſé chantée par les Bergers au milieu de la nuit, dans les environs de *Bethléem*, est censée se chanter ensuite avec une nouvelle explosion, près de la creche, immédiatement après l'action de grace dont nous venons de parler. La musique destinée à réveiller le moins foiblement possible l'idée du grand ouvrage de la création, lors du *Factorem cœli & terræ*, au *Credo*, reparoît avec le même éclat au *Per quem omnia facta sunt*, qui se trouve dans le morceau suivant. Le chœur court, *Homo factus est*, qui se trouve immédiatement après le *Crucifixus*, ainsi qu'à la suite du *Resurrexit*, se trouve aussi rapproché de l'*Iterum venturus est judicare.* La musique du *Cujus regni non erit finis.* « Son regne n'aura point de fin », destinée à peindre le charme d'une vie heureuse & éternelle, reparoît dans l'orchestre à la fin du *Credo*, lors de ces paroles : *Expecto vitam venturi sæculi.* « J'attends cette vie délicieuse & éternelle », & sous cet orchestre qui soutient l'*Expecto vitam*, le chœur *Incarnatus ex Maria Virgine*, *& homo factus est* reparoît tout entier, & n'est, pour ainsi dire, que le *piédestal* de cet autre morceau, pour marquer que cette vie heureuse nous est donnée par la naissance du *Christ.*

La musique destinée au *Dona pacem*, dans l'*Agnus Dei*, est appliquée ensuite au Monarque, & reparoît par intervalle dans des ritournelles du *Domine salvum*, après lesquelles les voix disent toujours, *Exaudi, exaudi.* Ces morceaux se tiennent encore de la maniere suivante. On ne termine le précédent que sur le suivant, c'est-à-dire, que l'on fait sans cesse dégrader la fin du premier sur le commencement du second. On s'est efforcé en outre que tous les retours qui font les *chaînons* de ces morceaux soient motivés & demandés par la situation, comme la ritournelle qui rappelle ces paroles : *Chantons avec les Anges*, & qui précede le *Sanctus*, demande, pendant ce *Sanctus*, le retour de la musique du *Gloria*, comme l'*Expecto vitam venturi sæculi* demande celui de la musique du *Cujus regni*, &c. &c.

On s'est attaché aussi à donner par-tout à cette musique une unité d'objets & une propriété à la fête. C'est par-tout la naissance du Rédempteur : on doit y avoir les oreilles toujours frappées par l'imitation, la peinture de quelque événement, l'expression de quelques prieres, de quelques sentimens qui rappellent cette naissance. Ces sentimens doivent être exprimés, principalement dans l'*Homo factus est* du *Credo*, de maniere à rendre cet endroit tellement le morceau principal de la fête, qu'il soit le plus en évidence, le plus frappant, le plus remarquable. Il y a donc une chaîne de rapports entre les trois portions ou trois parties qui composent la masse générale de cette Messe, & entre les morceaux qui composent chacune de ces trois parties. Il y a donc aussi une unité d'objet d'imitation, & une propriété à la fête de Noël.

Ma musique répond-elle à ce plan ? Ce n'est pas

là la question. Comme mon objet ici est d'instruire mes éleves, voici la véritable. La Musique peut-elle remplir ce plan ? J'entends déja les Maîtres de l'art répondre hardiment : *Oui*. Eh bien, maintenant proposons-en une autre. Laquelle des deux musiques d'église pourra être la plus vraie, ou de celle qui s'efforcera d'être *une*, *imitative* & *particuliere à chaque solemnité*, ou de celle qui dédaignera ce principe pour ne montrer que de beaux, de très-beaux morceaux même, sans aucuns rapports d'objet entre eux, pour offrir des tableaux particuliers qui ne concourront point à former un tableau unique & général, pour étaler une masse musicale qui ne fixera aucunement l'attention sur l'objet de la fête ? Les gens de génie, avant de me laisser achever, m'ont déja répondu que ce sera la premiere, & même ceux qui pourroient être mal intentionnés deviennent leurs échos, mais en mettant malignement cette restriction, *que ma musique n'y répond point*. En ce cas, vous qui avez beaucoup plus d'acquis que moi, perfectionnez ce genre; je vous en laisserai entiérement la gloire, & je ne rougirai point d'aller glaner après vous dans les routes d'un art dont l'avancement seul m'intéresse. Si cet Ecrit de peu de mérite & mon foible pinceau musical peuvent seulement donner l'idée de composer une meilleure musique, je me croirai assez récompensé.

FIN.

SUITE DE L'ESSAI

SUR

LA MUSIQUE SACRÉE ET IMITATIVE,

Où l'on donne le Plan d'une Musique propre à la Fête de Pâque.

Par M. LE SUEUR,

Maître de Chapelle de l'Eglise de Paris.

Denique sit quodvis simplex duntaxat & unum.

HOR. Art. Poet. v. 23.

A PARIS,

Chez la Veuve HERISSANT, Imprimeur du Chapitre, rue neuve Notre-Dame.

1787.

Contraste insuffisant

NF Z 43-120-14

www.ingramcontent.com/pod-product-compliance
Lightning Source LLC
LaVergne TN
LVHW010613110826
845149LV00003B/891